ANHANG

Hinweise zur Aussprache

ā....... langes a
ī........ langes i
ū....... langes u
ṛ........ ri
c........ tsch
j........ dsch
ñ ...... ny
ṭ .... mit der Zunge am Gaumendach artikuliertes t
ḍ ...... mit der Zunge am Gaumendach artikuliertes d
ṇ ...... mit der Zunge am Gaumendach artikuliertes n
ṣ .... mit der Zunge am Gaumendach artikuliertes sch
ś .... sch
ṃ..... die Artikulation des folgenden Konsonanten vorwegnehmender Nasal
ṅ....... die Artikulation des folgenden Konsonanten vorwegnehmender Nasal
ṉ....... (in Tamil-Namen) mit zurückgebogener Zunge artikuliertes n
ḻ .... (in Tamil-Namen) mit zurückgebogener Zunge artikuliertes l

Konsonantische Laute des Sanskrit, denen in der Umschrift ein h folgt (bh, ph, th, ṭh usw.), sind aspiriert zu sprechen.

GRUNDRISS

EINFÜHRENDES

Geht es nach herkömmlicher Meinung, ist das Angebot an Absonderlichem, ja Bizarrem, das uns der Hinduismus zu bieten hat, wahrlich imposant: Zeitzyklen unvorstellbarer Länge, endlose Wiedergeburten, erlösender Freitod, Witwenverbrennung, Tempelprostitution, Kinderheirat, Mitgiftmorde, heilige Kühe, langmähnige Saṃnyāsins, sich kasteiende Asketen, nackte Sādhus, vergottete Gurus und greulich anzuschauende, vielarmige und vielköpfige Götter – dies nur wenige Beispiele aus dem Angebot, das die üppig wuchernde Sekundärliteratur zu dieser wichtigsten der auf indischem Boden entstandenen Religionen zu bieten hat. Wie so oft indes hat hier Sensationsgier und schlichte Unkenntnis teils Monstra geschaffen, die es (so) nicht gibt. Wenn es sich denn überhaupt um Phänomene handelt, die schemenhafte Gegenstücke in der Realität haben, mag ein Blick auf ihre Genese und geschichtliche Entwicklung die oftmals reichlich verzerrten Darstellungen wenn nicht zu revidieren, so doch zu relativieren. Vor allem läßt sich oft der Punkt festmachen, an dem es zu Entstellungen der Darstellung kam, und die Gründe für diese Verzerrungen klären. Die Nachzeichnung seiner Geschichte soll nun auch der Weg sein, den Hinduismus im Folgenden einer interessierten Leserschaft vorzustellen und näherzubringen. Dabei darf indes nicht vergessen werden, daß solch geschichtlicher Zugang den allermeisten Hindus fremd ist, wie nicht zuletzt die spärlichen und oftmals völlig ahistorischen und anachronistischen Auskünfte unserer Quellen etwa über die Lebenszeit selbst bedeutendster Heiliger zeigen. Wohl auch deshalb haben ihn nur wenige der vielen Hinduismus-Darstellungen gewählt. Dies mag auch eine apologia pro opere meo sein. Wie nötig wissenschaftlich fundierte, sich gleichwohl an ein breites Publikum wendende Einführungen in den Hinduismus sind, die Aufklärung über

DER HINDUISMUS

GRUNDRISS

VERTIEFUNGEN

Swami-Narayan Akshardham Tempel in New Delhi

diese so wichtige Religion leisten, zeigte in drastischer Schärfe eine Bildunterschrift in einer Sonderausgabe eines sehr renommierten deutschen Magazins anläßlich der Frankfurter Buchmesse 2006, dessen Gastland immerhin Indien war. Dort konnte man staunend lesen, daß der Hathi-Singh-Tempel in Ahmedabad ein Heiligtum der »hinduistischen Jaïna-Sekte« sei. Was würde ein Katholik sagen, müßte er in einem namhaften indischen Journal eine Bildunterschrift zur Kenntnis nehmen, die das abgebildete Gebäude als Kirche des muslimischen Benediktüner (sic!)-Ordens auswiese? Man darf auch fragen, warum zur Illustrierung des Artikels ein vergleichsweise unscheinbarer Tempel gewählt wurde und nicht ein solch prachtvoller Bau, wie der nach fünfjähriger Bautätigkeit erst 2005 fertiggestellte und feierlich eingeweihte Swami-Narayan Akshardham Tempel in Delhi, der die ausgesprochene Traditionalität des Hinduismus so überwältigend vor Augen führt.

Der Hinduismus – Probleme eines geläufigen Namens

War im vorangehenden Abschnitt von Hinduismus die Rede und kann dies auch im Folgenden nicht immer vermieden werden, ist es gerade dieser Name, mit dem die vielfältigen Probleme beginnen, vor die uns eine Beschäftigung mit dieser Religion stellt. Von der – meist nicht weiter hinterfragten – These, der Hinduismus sei eine einheitliche Religion, bis hin zu der doch extremen Auffassung, das Phänomen Hinduismus gebe es erst seit dem 19. Jahrhundert, spannt sich der Bogen. Anhänger der letztgenannten These glauben, beim Hinduismus handle es sich anfangs um eine europäische Schöpfung, die zuerst von einer indischen Bildungsbürgerschicht übernommen worden sei, der es nach einer ›nationalen‹ Religion verlangte, um schließlich von Fundamentalisten und Nationalisten für ihre Zwecke mißbraucht zu werden. Richtig ist zweifelsohne, daß der Name »Hinduismus« sehr jung ist. Richtig ist auch, daß er verschiedene Religionen bezeichnet, die viel gemeinsam haben, aber auch viele Unterschiede aufweisen. Gleiches gilt für die Feststellung, daß die mittels dieses Namens evozierte Vorstellung einer Einheit treibendes Moment national(istisch)-politischer Bewegungen war und ist, für die das Konzept der einen Religion das zu leisten hat(te), was Sprache und Ethnie nicht vermögen. Gewiß nicht richtig ist aber, daß die den Hinduismus bildenden bzw. zum Hinduismus gezählten Religionen ursprünglich separate Religionen waren, die erst sehr spät in einer Religion vereint wurden. Denn die Götter, die jeweils im Mittelpunkt dieser Religionen stehen, gehören seit frühester Zeit, sprich bereits im Veda (s. S. 95–97), einem Pantheon an. Und aus dieser polytheistischen vedischen Religion wurden monotheistische Konzepte ausdifferenziert – ein bekannter sekundärer Prozeß, der zumeist theologische Arbeit widerspiegelt, da solche Monotheismen in aller Regel professionell konzipiert sind. Der Bestand insulärer Monotheismen innerhalb eines weiterlaufenden Polytheismus ist ein auch aus anderen Religionsgeschichten bekanntes Phänomen. So dürfte zu den Extremen denn auch die Auffassung zählen, daß das, was allgemein als Hinduismus bezeichnet wird, verschiedene *monotheistische* Religionen sind, die Heilsgewinn und Erlösung jeweils exklusiv von einem Gott abhängig sein lassen. Und eine Lösung des Problems des Namens *Hinduismus* bedeutet diese Auffassung auch nicht. Denn auch Viṣṇuismus und Śivaismus etwa, jene als monotheistisch ausgemachten Religionen, sind mitnichten einheitlich, sondern auch sie sind Konglomerate verschiedenster Gruppierungen, wie nachfolgende Darstellung zeigen wird. Und so treten die Gründe für die – offenbar – generelle Vagheit der Namen dieser Religionen in den Blick. Sie scheinen ihre Konturen hauptsächlich aus Opposition(en) zu gewinnen: Gegenüber einem Buddhisten, einem Jaina, einem Muslim, einem Sikh oder einem Christen versteht sich etwa ein Vaikhānasa als ein Hindu, gegenüber einem Śaiva aber als Vaiṣṇava, erst gegenüber einem Pāñcarātrin als Vaikhānasa (hierzu s. S. 60–64). Nach diesem Modell greift somit der Name Hinduismus erst auf der letzten einer ganzen Reihe von Ebenen, die sich auf Grund von Opposition und – komplementär – Solidarität konstituieren. Wer sich aber auf der hier am höchsten angesiedelten Ebene als Hindu versteht respektive verstehen darf und als solcher von anderen akzeptiert wird, regelt ein Inventar von Gemeinsamkeiten, in dessen Zentrum – vornehmlich – Verhaltensregeln stehen. Und so gilt: »While it is not possible to define a Hindu, it is not very difficult to identify a person as Hindu« (M. N. Srinivas, *Caste in modern India and other essays*. Bombay 1962, S. 150). Wir haben somit von verschiedenen hinduistischen Religionen auszugehen, die jenseits prägender Gemeinsamkeiten jeweils eigene Vorstellungen und Konzeptionen entwickelt und kultiviert haben. Sie heben sich auch innerhalb der Gesamtgeschichte des Hinduismus deutlich ab und können verschiedenen hierarchisch gestuften Ebenen zugeordnet werden. Unterhalb des Hinduismus sind als große religiöse Traditionen der Viṣṇuismus, der Śivaismus und der Śāktismus angesiedelt. Diese wiederum werden ihrerseits jeweils von einer ganzen Reihe höchst unterschiedlicher Glaubensgemeinschaften konstituiert. Und auch diese Sekten – dies eine alternative Bezeichnung, läßt man die negative Konnotation des Abgespaltenseins außen vor – werden von kleineren Gemeinschaften geformt. So bilden etwa doch sehr unterschiedliche Gruppen wie Pāñcarātra, Vaikhānasa und Śrī-Vaiṣṇava den Viṣṇuismus. Innerhalb des Śrī-Vaiṣṇava wiederum stehen sich die beiden Schulen des Vaṭakalai und des Teṉkalai gegenüber. Identifikationsmerkmal für all diese Religionen sind im wesentlichen die verschiedenen Gottesgestalten, die im Laufe der Zeit in den Hochgöttern Viṣṇu, Śiva und Devī aufgegangen sind, wobei sie zum Teil eine mehr oder weniger große Selbständigkeit bewahrt haben. Je nach Gestaltung des Kultes und theologischen Optionen zählen die in dieser Weise pyramidenartig den Hinduismus konstituierenden Gruppierungen zumeist zur Smārta- oder aber zur tantrischen Tradition. Während für erstere die Texte der Smṛti (s. S. 10) und damit brahmanische Normen und Vorschriften maßgeblich sind, folgen letztere den Tantras (s. S. 47).

Gemeinsamkeiten hinduistischer Religionen

Wenn wir denn von einer Mehrzahl hinduistischer Religionen auszugehen haben, stellt sich die Frage, ob diese Religionen Gemeinsamkeiten aufweisen und, wenn ja, welche dies sind. Gleiches gilt für mögliche Unterschiede.

Nahezu alle hinduistischen Religionen teilen den geographischen Raum, den Glauben an eine sich (besonders) in diesem manifestierende, das natürliche und soziale Gefüge der Welt regulierende Ordnung, Dharma genannt, zu der auch eine spezifische Gesellschaftsform – die des Kastenwesens (s. S. 38–40) – zählt, sowie das Anerkennen eines mit dieser Ordnung korrelierenden Inventars von Regeln richtigen Verhaltens, dieses als Ācāra bezeichnet (s. S. 10). Und fast alle hinduistischen Religionen pflegen brahmanisch-vedische Werte und Vorstellungen, Rituale und Mythen und die Verehrung von Viṣṇu, Śiva oder der »Göttin« oder einer der Erscheinungsformen dieser Götter.

Alle hinduistischen Religionen sind auf dem indischen Subkontinent entstanden und – sieht man einmal vom Hinduismus des Sonderfalles Indonesien und von dem von Emigrantengruppen praktizierten ab – quer durch alle Zeiten auf diesen beschränkt. Theoretisch verarbeitet, damit jedoch auch untermauert, ist diese Beschränkung auf Indien in der sogenannten *Karmabhūmi*-Konzeption: Allein hier kann der Mensch durch aktiven Eingriff in seinen Karma-Haushalt (**Die Religion der Epen**) Erlösung aus der **Kette der Wiedergeburten** → S. 106
erwirken, während anderswo Tatfolgen, ohne die Möglichkeit eigenen Zutuns, abgegolten werden müssen, somit Erlösung nicht oder nur in ganz wenigen Ausnahmefällen erreichbar ist. → S. 100

Den hinduistischen Religionen gehört man in aller Regel durch Geburt an. Bedingt ist diese Exklusivität in erster Linie durch die äußerst enge Zusammengehörigkeit von Religion und gesellschaftlicher Ordnung. Denn das Kastensystem (s. S. 38–40) – um dieses handelt es sich bei letztgenannter in erster Linie – ist integraler Bestandteil des Hinduismus, durch den es legitimiert und damit zugleich stabilisiert wird. Und diesem System kann man ausschließlich durch Geburt angehören. Dadurch aber sind wiederum Kaste und Karma engstens miteinander verwoben – Max Weber sprach diesbezüglich plakativ von der *Theodizee des Kastenwesens*. Denn die ausgeprägtesten sozialen Unterschiede, größtenteils Folge des Kastensystems, konnten durch eine Weltordnung erklärt werden, die gegenwärtiges Ergehen aus vergangener Tat in unbestechlicher Gerechtigkeit folgen läßt. Denn jedwede Geburt ist als solche und in ihrer Art und Qualität karmisch bedingt. Welches Karma aber nun zu guter, welches zu schlechter Geburt führt, wie also das gegenwärtige Leben gestaltet ist, regelt letztlich der *Dharma*. Die geburtsbedingte Zugehörigkeit zu den hinduistischen Religionen ist somit Teil des Dharma, den diese als verbindlich erachten. Es ist dies – allerdings am Ende einer längeren Entwicklung – die Weltordnung sowohl in ihrem objektiv regulierenden als auch in ihrem subjektiv bindenden Aspekt, die Normen, die diese dem Menschen vorgibt, sodann auch die Beachtung dieser Normen im praktischen Lebensvollzug seitens des Individuums und der Gemeinschaft sowie das Ergebnis normkonformen Handelns. Der Dharma bestimmt somit das richtige Verhalten des Menschen in Norm und Praxis, den Ācāra. Dieses ist von ganz entscheidender Bedeutung, da Orthopraxie der oder einer Orthodoxie deutlich vorgeordnet ist, zumal eine verbindliche religiöse Autorität im Hinduismus fast ganz fehlt.

Entsprechend ihrer Genese und des bestimmenden Einflusses der Brahmanen (s. S. 38) als der Gesellschaftsgruppe, die die textliche Überlieferung pflegt(e), dominieren in den hinduistischen Religionen vedisch-brahmanische Werte und Konzepte, Rituale und Mythen. So
→S. 95 erkennen mit wenigen Ausnahmen die Hindu-Religionen den **Veda** als heilige »Offenbarung«, als sogenannte Śruti, an, die autoritativen Charakter besitzt und deren Rezeption durch den traditionellen Hinduismus zentral von der Frage bestimmt ist, welche Sätze in diesem umfangreichen Korpus Vorschriften bzw. Verbote darstellen. Ebenfalls als verbindlich, wenngleich in deutlich geringerem Maße als die gesamte Offenbarung, wird das Korpus der als Smṛti bezeichneten Texte erachtet, das Gesamt der »Überlieferung«. Einen breiten Raum in diesen beiden Texttraditionen unterschiedlicher Verbindlichkeit nehmen Auslassungen zu Vorstellungen ein, die nachmals alle Hindu-Religionen teilen, so etwa solche von der Verstrickung in die Kette der Wiedergeburten und der Erlösung davon, von der Wirksamkeit des Karmas, von stetig aufeinanderfolgenden Zeitkontingenten, gestaffelt nach abnehmendem Dharma, und, damit einhergehend, von Zyklizität von Weltschöpfung und Weltvernichtung. Ebenfalls in den genannten beiden Überlieferungssträngen sind verschiedene Me-

thoden des Heilsgewinns vorgegeben, die alle Hindu-Religionen anerkennen. In anachronistischer Weise hat man drei von diesen, den »Pfad der Tat« (*karmamārga*), den »Pfad des Wissens« (*jñānamārga*) und den »Pfad der Hingabe« (*bhaktimārga*), jeweils strikt voneinander geschieden, was den Anschein erweckt, jeder von diesen Pfaden könne exklusiv zur Erlösung führen. Doch vermag dies keiner für sich alleine. Vorschriftsgemäßes Handeln, Wissen und Hingabe tragen in unterschiedlicher Gewichtung dazu bei, daß der Mensch aus dem Kreislauf der Wiedergeburten befreit wird.

Darüber hinaus kennen hinduistische Religionen noch eine große Zahl von Vorstellungen und Konzeptionen, von Instituten und Handlungsformen, ohne daß diese auch nur von der Mehrzahl dieser Religionen geteilt würden. Von diesen mögen hier mit dem Gebot der Nichtverletzung lebender Wesen (*ahiṃsā*), dem Vegetarismus, dem System der Lebensstufen (*āśrama*) und den damit verbundenen Lebenszielen (*puruṣārtha*) einige wenige genannt sein, deren Genese (**Das Lebensstadienmodell**) Licht auf ihre besondere Gestalt zu werfen vermag. →S. 109

Innerhalb dieses ihnen gemeinsamen Rahmens, der freilich sehr unterschiedlich gestaltet sein kann, haben die hinduistischen Religionen ihre je eigenen Konzeptionen, Normen und Handlungsformen entwickelt. Diese sollen im Folgenden innerhalb der Darstellung der Religionen beleuchtet werden, die den Viṣṇuismus, den Śivaismus und den Śāktismus konstituieren.

Zeit- und Religionsgeschichte

Überblickt man die Geschichte des Hinduismus von seinen ersten Anfängen in vedischer Zeit, als einwandernde Stämme indogermanischer Zunge neue Götter und deren Kulte (**Die vedische Religion**) ins Land brachten, bis in die Gegenwart, ist unschwer festzustellen, daß ab etwa 200 vor unserer Zeitrechnung derart viele und neue Vorstel- →S. 95

lungen aufkommen, daß es gerechtfertigt erscheint, dort den Beginn einer ganz neuen Phase dieser Religion anzusiedeln. Auch politisch markierte diese Zeit eine deutliche Zäsur. Da König Aśoka, der von 268 bis 232 v. Chr. regierte, Glaubensgemeinschaften, die als Reaktion gegen →S. 95 den übersteigerten Ritualismus der **vedischen Religion** und damit in Opposition zur Gesellschaftsschicht der Brahmanen entstanden waren, gefördert hatte – allen voran den Buddhismus –, bedeutete das Ende seiner Herrschaft und die Machtübernahme durch die Śuṅga- und andere Dynastien eine Wiederherstellung brahmanischer Werte und Normen. Diese zu artikulieren und gegen die Leitgedanken der Asketenbewegung (s. S. 97–98) zu stellen, leistete mit der Bhagavadgītā ein Text, mit dem sich die brahmanische Reaktion just zu dieser Zeit eine Art Manifest schuf. Der Erfolg, den dieser Text in der Auseinandersetzung mit den verschiedenen Gruppierungen hatte, die Weltentsagung als unabdingbar für die Erlösung propagierten, und der zu seiner Aufnahme ins Mahābhārata, und dies an zentraler Stelle, führte, rechtfertigt es, ihn an den Anfang dessen zu stellen, was man als den Hinduismus im engeren, ja im eigentlichen Sinne bezeichnen kann.

Gegen Ende des ersten vorchristlichen Jahrhunderts brach der Widerstand einheimischer Königshäuser und Fürstentümer gegen immer wieder aus Afghanistan eindringende Völkerschaften zusammen. Diese erreichten nun über die Pässe des Hindukush den Nordwesten Indiens, wo sie teils große und stabile Reiche errichteten. In kurzer Folge drangen dort griechische Baktrier, Parther und aus Zentralasien stammende Nomadenvölker ein. Damit hatte sich der Schwerpunkt der politischen Ereignisse aus dem Osten in den Nordwesten Indiens verschoben. Im Kampf gegen diese Fremdvölker, insbesondere die Kṣatrapas im Westen Indiens, trat seit der Zeitenwende mit den Śatavāhanas erstmals eine Dynastie des Südens in die Geschichte des Subkontinents ein. Zu der Zeit, als das Imperium der Śatavāhanas zerfiel und die Reiche im Nordwesten an Bedeutung verloren, gewann wieder das alte Magadha in Indiens Osten an Bedeutung. Dort hatte sich seit etwa 300 n.Chr. die Herrscherfamilie der Guptas etabliert. Und innerhalb kürzester Zeit stieg diese von einem vergleichsweise unbedeutenden Fürstentum am mittleren Ganges zu einer überregionalen Macht empor. Seine größte Ausdehnung erreichte das Gupta-Reich unter Candragupta II. Ende des vierten nachchristlichen Jahrhunderts, zum einen durch militärische Siege, wie im Westen gegen die Śakas, eines jener aus Afghanistan eingedrungenen Völker, zum anderen durch geschickte Heiratspolitik, so mit den Vākāṭakas, dem Nachfolgereich der Śatavāhanas im westlichen Zentralindien. Die Einfälle von Hunnen setzten der glanzvollen Gupta-Herrschaft im beginnenden sechsten Jahrhundert dann aber ein Ende. Die folgenden fast sieben Jahrhunderte bestimmten Regionalreiche die indische Geschichte, stets verteilt über vier Schwerpunkte – Uttar Pradesh, Ost-Bihar und Bengalen, Maharashtra und Nord-Karnataka und Tamil Nadu.

Es kann kein Zufall sein, daß diese Zeit der Herausbildung regionaler Kulturen mit ihren eigenen Sprachen, Literaturen und Kunststilen mit der der Ausprägung der Bhakti-Religiosität (siehe Karte Umschlaginnenseite) zusammenfällt, die so deutlich regional geprägt ist.

Eine entscheidend wichtige Zäsur in der weiteren Geschichte des Hinduismus bedeuteten die Eroberungen zunächst Nord- und dann auch Zentralindiens durch islamische Invasoren. Ganz anders als der Buddhismus überstand der Hinduismus diese auch für ihn kritische Zeit und erneuerte sich infolge der Gründung zahlreicher »Sekten« (s. S. 8) durch charismatische Führer, die durch ihren engen Verbund einen deutlich stabilisierenden Faktor darstellten.

Als islamische Eroberer erstmals zu Beginn des achten Jahrhunderts in den Nordwesten Indiens eindrangen, sollte dies wie so viele Einfälle in diesen Teil des Landes zunächst Episode bleiben. Mächtige Rajputen-Dynastien, unterstützt von Herrscherhäusern des Südens, stellten sich ihrem Vordringen entgegen und verhinderten letztlich, daß sie sich in Indien festsetzen konnten. Mit Mahmud von Ghazni gewannen diese Überfälle seit dem frühen elften Jahrhundert eine andere

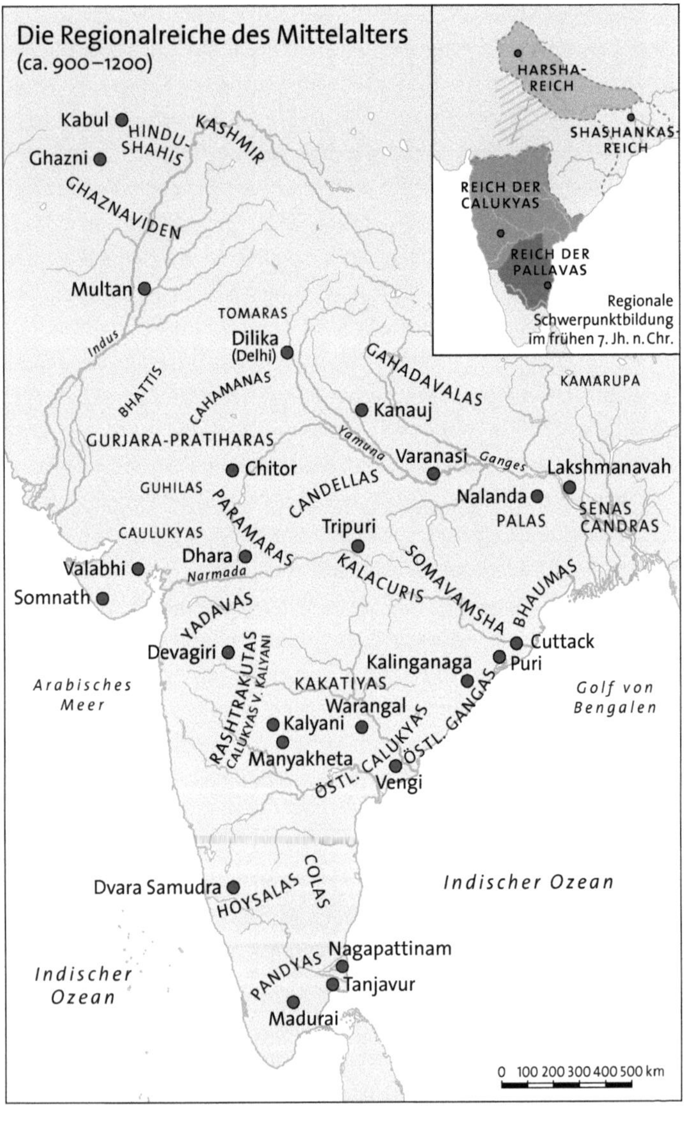

Die Regionalreiche des Mittelalters (ca. 900–1200)

Qualität. Mahmuds Vater gehörte zu einer neuen Generation von Kriegern des Islam, den Mamluken, Afrikanern oder für gewöhnlich Zentralasiaten, die, noch Kinder, als Sklaven gekauft und eigens zum bedingungslosen Kampf ausgebildet wurden. Während seiner jährlichen Razzias von Afghanistan aus ließ Mahmud ganze Städte, so Mathurā, die heilige Stadt Kṛṣṇas, plündern, brandschatzen und dem Erdboden gleichmachen. Er war es auch, der dem einst so mächtigen Gurjara-Pratihāra-Reich, für Jahrhunderte das Bollwerk gegen die islamischen Eroberer, durch die Zerstörung seiner Hauptstadt Kanauj im Jahre 1018 den Todesstoß versetzte. Die Folgen für den indischen Subkontinent waren schwerwiegend: Die Tore nach Zentralasien standen nun weit offen. Und es war nur eine Frage der Zeit, wann sich die ersten Eindringlinge dauerhaft in Indien niederlassen würden. Dies sollte durch die türkische Ghuriden-Dynastie aus Westafghanistan unter Mohammed von Ghur geschehen. Dessen Ziel war, anders als das Mahmuds von Ghazni, die planmäßige Eroberung Nordindiens, die er nach der Schlacht von Tarain 1192 Stück um Stück fortsetzte. Mit Mohammeds Tod erklärte sein Heerführer Aibak für die eroberten Gebiete in Indien die Unabhängigkeit von den Ghuriden und begründete damit im Jahre 1206 das Delhi-Sultanat. Im Verlauf der folgenden fast zwei Jahrhunderte hatte dieses Großreich, das ganz Nordindien von Bengalen bis Gujarat umfaßte, gegen immer wieder aufflackernde Aufstände hinduistischer Fürsten und vor allem gegen die Einfälle der Mongolen zu kämpfen. 1398 schließlich nimmt einer von ihnen, Timur, Delhi ein und zerstört es völlig. Dies war der Anfang vom Ende des Delhi-Sultanats, das 1526 mit dem Sieg des Mongolen Babur in der Schlacht von Panipat endgültig besiegelt wurde.

Waren Teile Zentral- und vor allem Südindiens außerhalb des unmittelbaren Herrschaftsbereiches des Delhi-Sultanats geblieben, brachen gleichwohl die dortigen hinduistischen Königreiche zu Beginn des 14. Jahrhunderts in rasender Geschwindigkeit zusammen. Die Militärexpedition Malik Kafurs, des Generals des Delhi-Sultans

Ala-ud-Din (1296–1316), durchgeführt zur Akquirierung dringend benötigter finanzieller Mittel, zerstörte die Reiche der Yadavas, Hoysaḷas, Pāṇḍyas und Kakatīyas. Durch innen- und außenpolitische Entwicklungen geschwächt, konnte das Delhi-Sultanat aus dieser Situation allerdings keinen Vorteil ziehen. So war es nicht in der Lage zu verhindern, daß auf den Trümmern der ehemaligen Königreiche Südindiens 1336 das Reich von Vijayanagara errichtet wurde und daß zur selben Zeit die Gründung des Bahmani-Sultanats das Machtvakuum in Karnataka im westlichen Zentralindien füllte. Besonders im Königreich von Vijayanagara entfaltete sich bis zu dessen Untergang im Jahre 1565 dann noch einmal eine blühende hinduistische Kultur.

Babur hatte mit seinem Sieg in der Schlacht von Panipat den Weg für die Gründung des Mogul-Reiches geebnet. Dieses umfaßte unter seinem größtem Herrscher, dem durch seine tolerante Religionspolitik bekannt gewordenen Akbar (1556–1605), den gesamten Norden und Teile Zentralindiens, unter Aurangzeb (1658–1707) auch Südindiens. Seit 1739 begann die Vormacht des Mogul-Reiches über Indien zu schwinden, bedingt auch durch das Erstarken des Marathen-Reiches im westlichen Zentralindien. Dessen Ende wiederum wurde durch eine militärische Niederlage 1761 eingeleitet, womit der Boden für die Kolonialherrschaft Großbritanniens über den Subkontinent bereitet war, die von Beginn des 19. Jahrhunderts bis zur indischen Unabhängigkeit im Jahre 1947 währte.

In Parallelität zur oben skizzierten Zeitgeschichte läßt sich die Geschichte des Hinduismus in Phasen einteilen, die durch tiefgreifende politische, gesellschaftliche und wirtschaftliche Veränderungen jeweils voneinander getrennt sind. Nach einer Frühzeit von etwa 200 vor bis 300 n.Chr. und einem ersten Höhepunkt zu Zeiten der Gupta-Herrschaft markieren die zunehmende Ausbreitung des Islam seit dem elften, der Beginn der Kolonialherrschaft in der Mitte des 18. Jahrhunderts und das Erlangen der Unabhängigkeit Indiens weitere Zäsuren, die den Hinduismus untergliedern. Entscheidend inner-

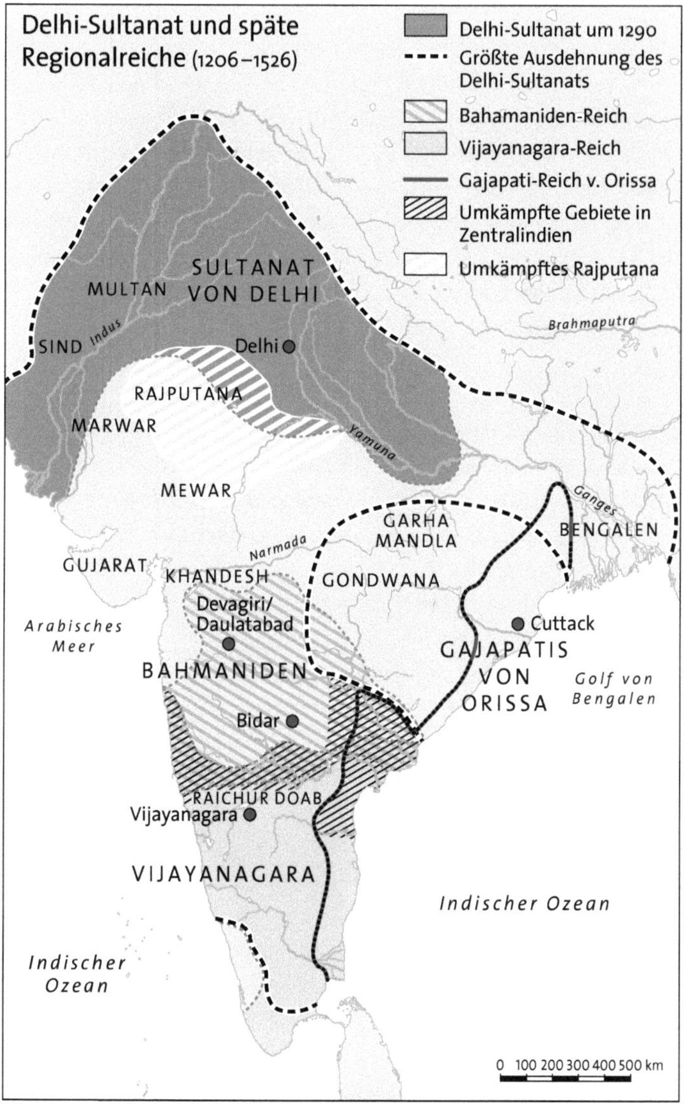
Delhi-Sultanat und späte Regionalreiche (1206–1526)
Delhi-Sultanat um 1290
Größte Ausdehnung des Delhi-Sultanats
Bahamaniden-Reich
Vijayanagara-Reich
Gajapati-Reich v. Orissa
Umkämpfte Gebiete in Zentralindien
Umkämpftes Rajputana
SULTANAT VON DELHI
MULTAN
SIND
Indus
Delhi
RAJPUTANA
MARWAR
Yamuna
MEWAR
Brahmaputra
Ganges
BENGALEN
GARHA MANDLA
Narmada
GUJARAT
KHANDESH
GONDWANA
Devagiri/ Daulatabad
Arabisches Meer
Cuttack
GAJAPATIS VON ORISSA
Golf von Bengalen
BAHMANIDEN
Bidar
RAICHUR DOAB
Vijayanagara
VIJAYANAGARA
Indischer Ozean
Indischer Ozean
0 100 200 300 400 500 km

halb der derart unterteilten Geschichte des Hinduismus sind das allmähliche Verblassen zweier zunächst sehr wichtiger Religionen, →S. 111 der **Indra**- und der **Brahmā-Religion**, verdrängt seit etwa 400 n. Chr. durch und aufgegangen in Viṣṇuismus und Śivaismus, das Hervortreten tantrischer Elemente (s. S. 49), dies verstärkt seit dem fünften Jahrhundert, die Etablierung des Śāktismus als eigenständige Religion, beginnend im späten sechsten Jahrhundert (s. S. 92–94), und die Herausbildung der Bhakti-Religionen ebenfalls seit dem sechsten und deren Interaktion mit dem Islam seit dem elften Jahrhundert.

Religion und Philosophie

Der Abfolge dieser Epochen läuft eine solche der dominierenden philosophischen Systeme insofern parallel, als in der Frühphase des Hinduismus das dualistische Sāṃkhya maßgeblich war, um ab etwa dem fünften nachchristlichen Jahrhundert gegenüber dem monistischen Vedānta und, wenngleich weniger stark, dem Nyāya und Vaiśeṣika in den Hintergrund zu treten. Da diese Systeme Konzeptionen entwickelten, die auch für die hinduistischen Religionen von sehr großer Bedeutung sind, sollen sie hier in Kürze vorgestellt werden.

Die Sāṃkhya-Philosophie konzipiert die Existenz zweier Prinzipien – auf der einen Seite der *einen* Urmaterie, auf der anderen einer Vielzahl von Einzelseelen. Durch beider Verbindung kommt alles Weltgeschehen zustande, in das die Seelen sich auf Grund eines Irrtums eingebunden wähnen, obwohl sie in Wahrheit völlig unberührt davon sind. Konsequenterweise lehrt dieses System eine Erlösung durch Erkenntnis, die die irrtümliche Verbindung von Seele und Materie beseitigt. Erlangt werden kann diese Erkenntnis durch weltentsagende, konzentrativ-meditative Praktiken, die in besonderer Nähe zum Yoga stehen. Die Erlösung besteht in der völligen Trennung der Seele vom Bereich der Materie und damit aus dem (scheinbaren) Wandeln in einem leidvollen Dasein. Mit dem Yoga teilt das Sāṃkhya eine Lehre von der

Entstehung der Welt, die eine in Stufen verlaufende Entfaltung der Urmaterie postuliert, an deren Anfang feinstoffliche psychische Vermögen, wie Erkenntnis-, Denk- und Sinnesvermögen, und an deren Ende die grobstofflichen Elemente stehen. Bei der periodisch stattfindenden Zerstörung der Welt (s. S. 107) werden nach der Vorstellung des Sāṃkhya diese Evolute, aus denen alles besteht, in umgekehrter Reihenfolge ihrer Entstehung in die Urmaterie absorbiert, um bei der nächsten Schöpfung wieder aus ihr hervorzugehen.

Anders als das dualistische Sāṃkhya lehrt das Vedānta einen Monismus, der die letztliche Identität des geistigen und materiellen Urgrundes der Welt, *brahman* genannt, mit der Individualseele, als *ātman* bezeichnet, postuliert. Das genaue Verhältnis dieses Urgrundes zur (materiellen) Welt auf der einen und zu den Seelen auf der anderen Seite wird von den verschiedenen Richtungen, die zu diesem philosophischen System zählen, unterschiedlich bestimmt, wobei etliche davon ausgehen, daß die Entfaltung des Brahman zur Welt eine Illusion ist, die im Moment der Erlösung verschwindet. Im Bereich der Erlösungslehre sieht das Vedānta ein Aufgehen der erlösten Seele im Brahman vor. Da in den hinduistischen Religionen, die das Vedānta als philosophischen Unterbau gewählt haben, zumeist Gott als geistiger und materieller Urgrund an die Stelle des Brahman gerückt ist, ist die vom Vedānta gelehrte Art der Erlösung ungleich ansprechender als die des Sāṃkhya. Verbleiben dort die erlösten Seelen in ewiger Vereinzelung, gehen sie hier in Gott auf, dem sie in liebevoller Hingabe seit je zustrebten.

Nur am Rande seien das Nyāya und das Vaiśeṣika genannt. Wichtig sind diese Systeme, die insbesondere Erkenntnistheorie, Dialektik und eine Art von Naturphilosophie pflegten, vor allem deswegen, weil sie eine rationale Theologie entwickelten, für die der methodisch geführte Beweis der Existenz Gottes zentral war. Besonders eng war ihre Verbindung zu śivaitischen Gruppierungen, vor allem zum Pāśupata (s. S. 83–84), denen führende Vertreter zugehörten.

DAS RITUAL DER HINDUISTISCHEN RELIGIONEN

»Religion is a thing done, not a thing ›believed‹«, stellt der amerikanische Anthropologe Lawrence Bapp in seiner ausgezeichneten Hinduismus-Darstellung treffend fest. Zumal für den fremden Beobachter, möchte man hinzufügen. Und so vielfältig und facettenreich das Ritual der hinduistischen Religionen auch ist, es ist gleichwohl das Ritual, das diesen Religionen, auch jenseits der zum Teil sehr unterschiedlichen Ausführung in den verschiedenen Schichten der indischen Gesellschaft, wenigstens eine gewisse Einheit und Einheitlichkeit verleiht. Dem Ritual einen festen Platz in der Soteriologie des Hinduismus verschafft zu haben, war eine der Leistungen der Bhagavadgītā (s. S. 12), nachdem es besonders seit der Mitte des ersten vorchristlichen Jahrtausends sehr an Bedeutung verloren hatte, weitgehend erstarrt durch die Formerfordernisse, die an es im Hinblick auf seine Wirksamkeit gestellt wurden. Die Kritik am Ritual, die im wesentlichen darauf gründete, daß die Mechanik seiner Durchführung gegen die innere Einstellung, auf die es eigentlich ankomme, aufgerechnet wurde, sollte quer durch die Geschichte des Hinduismus immer wieder und zum Teil heftig aufflammen. Doch hatte ihr die Bhagavadgītā die Spitze genommen. Denn sie hatte gelehrt, daß ein mit der richtigen Haltung durchgeführtes Ritual, dessen Resultate Gott übereignet werden, durchaus heilsfördernd ist. Im Hintergrund steht dabei ein neu bestimmtes Verhältnis von Mensch und Gott. Denn dieses ist nicht mehr durch die das Ritual prägende Vertragssituation mit annährend gleichgestellten Partnern bestimmt, sondern zeigt eine dezidierte Ungleichheit: Der Mensch steht einem allmächtigen Gott gegenüber, dem er sich, vertrauend auf seine Gnade, unterwirft, was dieser durch seine Zuwendung lohnt. Diese Konzeption der Gottesliebe (*bhakti*) sollte über Jahrhunderte Geltung haben. Sie beruht auf einer strikt personalisierten Gottesvorstellung, und ihr Heilsweg basiert auf der Loyalität von Gott und Verehrer. Die entscheidend wichtige Neugestaltung erfolgte erst ab dem siebten Jahrhundert im Süden Indiens, also über acht Jahrhunderte nach der Formulierung der Bhakti-Frömmigkeit an prominenter Stelle. Es ist deshalb verschiedentlich gemutmaßt worden, daß wir es hier mit einem ganz eigenständigen Phänomen zu tun haben, nicht verwandt mit dem Entwurf der Bhagavadgītā, deren Gottesliebe durch eine stark geistig-intellektuelle Note geprägt ist. Doch läßt sich die starke Emotionalisierung der Liebe zu Gott, die nun um sich greift, vor dem Hintergrund der Konventionen der südindischen Dichtung verstehen. Denn deren Topoi und Tropen handeln überaus häufig von der verzehrenden Liebe von Mann und Frau, von deren glühendem Begehren, von der Wonne der geschlechtlichen Vereinigung, von ihrem brennenden Trennungsschmerz, von der tiefen Verzweiflung ob der befürchteten Untreue des Partners und der erlösenden Freude, wenn sich diese Befürchtung nicht bewahrheitet. Diese Gefühlslagen übertrugen – soweit nachzuweisen: zum ersten Mal – die im Süden Indiens wirkenden Āḻvārs (s. S. 64–66) auf das Verhältnis von Gott und Mensch (s. auch S. 109), womit sie dieses stark emotional einfärbten, ohne allerdings die intellektuelle Komponente preiszugeben.

Diese hochemotionale Beziehung von Gott und dem Menschen, der ihn verehrt, sollte vor allem den Kult hinduistischer Religionen maßgeblich prägen, und dort sollte ihre eher abstrakte Konzeption in gelebte Devotion umgesetzt werden. Geschichtlich gesehen ist diese Art des Kults an Idolverehrung, vornehmlich der in Tempeln situierten, gebunden. Bereits die Hymnen der Āḻvārs und der Nāyaṉmārs (s. S. 89) sind zum überwiegenden Teil an Gott in Gestalt des in einem Tempel installierten Idols gerichet. In diesem fand der sich Gott Hingebende die gesuchte göttliche Gegenwart, auf die er mit seiner Liebe antwortete.

Rituale finden im allgemeinen zu festgelegten Zeiten statt, die der (lunisolare) Kalender vorgibt. Diesem prägen Rituale ihrerseits über die von ihm festgehaltenen – und ihn konstituierenden – Abfolgen von Tag und Nacht, von Mondphasen, Jahreszeiten, Äquinoktien und Solstitien hinaus Strukturen auf, die für den Menschen leichter wahrzunehmen sind, da leichter zu erfahren als das Verstreichen der gleichmäßig dahinfließenden Zeit und der langsame Wechsel etwa der Jahreszeiten. Es sind insbesondere die Intervalle, die zwischen der Ausführung großer Rituale liegen, welche dies leisten. Innerhalb der dadurch strukturierten Zeit gibt es nach allgemein indischer Anschauung Punkte und Abschnitte, die für die Durchführung einer Handlung günstig, und solche, die ungünstig oder zu vermeiden sind. Sie zu bestimmen ist Aufgabe einer hochentwickelten Astrologie, die denn auch integraler Bestandteil des indischen Lebens ist. Im allgemeinen aber gilt, daß die Monatshälfte des zunehmenden Mondes und die Jahreshälfte vom Winter- bis zum Sommersolstiz günstige Zeiten sind, um Rituale durchzuführen. Für die komplementären Perioden gilt das Gegenteil.

Das Ritual hinduistischer Religionen kann nach ganz verschiedenen Kriterien in Kategorien eingeteilt werden, die von der indischen Tradition zum Teil selbst vorgegeben werden. Wählt man als Einteilungskriterium den Ort, an dem es stattfindet, kann man zwischen häuslichem und öffentlichem Ritual unterscheiden. Letztgenanntes ist das, welches im Tempel oder an einem Wegschrein stattfindet, oftmals unter einer der mächtigen Ficus-Arten. Untergliedert man es nach zeitlichen Kriterien, kann man das tägliche von jenen sondern, die etwa halbmonatlich oder aber jährlich ausgeführt werden. Des weiteren kann Ritual, das zu bestimmten Anlässen oder aus bestimmten Motiven von solchem, das regelmäßig – zumeist täglich – verrichtet wird, abgegrenzt werden. Eine eigene Gruppe bilden, wie weithin, die *rites de passage*, die das menschliche Leben von vor der Geburt bis nach dem Tode begleiten und die die fließenden Übergänge von der

Phase etwa des Kleinkindes zu der des Jugendlichen oder von der des Jugendlichen zu der des Erwachsenen disambiguieren. Etliche von den in den alten vedischen Ritualtexten (s. S. 96) beschriebenen Übergangsritualen werden noch heute praktiziert, da sie nach wie vor von großer Bedeutung für den einzelnen und für die indische Gesellschaft als ganze sind. Neben dem Bestattungs- ist hier vor allem das Hochzeitsritual zu nennen.

Die täglich im Haus vollzogene Verehrung der Götter bildet zusammen mit dem Tempelritual die beiden hauptsächlichen Formen der Gottesverehrung, wobei letzterem Feste (s. S. 29–34) als eine besondere Form komplexer Rituale zugerechnet werden können. Ob nun aber im Tempel oder im Hause vollzogen, immer ist diese Verehrung ein Akt entweder des einzelnen oder allenfalls einer Familie. Gemeindeversammlungen und -andachten sind hinduistischen Religionen weitestgehend fremd.

Der im Tempel verehrte Gott muß nicht derselbe sein, dem in der Familie und zu Hause gehuldigt wird. Und dieser wiederum kann verschieden sein von jenem, der vom einzelnen besonders hochgehalten wird. Die Möglichkeit, sich je nach Bedürfnislage verschiedenen Göttern zuzuwenden, ist charakteristisch für polytheistische Systeme, kennzeichnet jedoch in hohem Maße gerade den Hinduismus. Denn dort schließt etwa auch die förmliche Initiation in eine bestimmte Glaubensgemeinschaft (s. S. 59) religiöse Handlungen außerhalb dieser keineswegs aus.

Ort der Gottesverehrung im Hause ist eine Art Schrein, der zumeist an einer ruhigen, etwas abgelegenen Stelle oder gar in einem separaten Raum aufgebaut ist, dies entweder ganz schlicht – etwa auf einem Regal oder in einem Schrank – oder auch sehr prachtvoll. Sein Zentrum ist zumeist ein metallenes Götterbild oder aber, etwa in sehr armen Haushalten, ein farbiger Druck, der die Gottheit zeigt. Durchgeführt wird die häusliche Verehrung Gottes mindestens einmal am Tag, dann zumeist früh am Morgen. Dabei dauert sie in etwa eine Stunde. Alle Mitglieder eines Haushaltes dürfen an einer solchen Pūjā, wie dieses Ritual genannt wird, teilnehmen. In diesem Falle wird sie vom Familienoberhaupt oder einem anderen wichtigen Familienmitglied durchgeführt. Lediglich elaboriertere Formen dieser Art der Verehrung können die Mitwirkung eines Priesters oder anderer Spezialisten nötig machen. Eingeleitet werden kann die Pūjā von einer Ehrung Gaṇeśas, des elephantenköpfigen Sohnes Śivas, der Hindernisse beseitigt und dadurch zum Gelingen auch der Pūjā beiträgt. Unabdingbar an ihrem Beginn aber steht die Herstellung der physischen und psychischen Reinheit des oder der Verehrenden, erstere etwa mittels Wasser. Gleiches erfährt der Ort, an dem die Pūjā stattfindet, so durch die Erneuerung der dekorativen Bemalung des Bodens, Raṅgolī oder Kōlam genannt. Die geforderte Reinheit ist der Grund, weshalb Menstruation, Geburt und Todesfälle in der Familie eine Teilnahme der Betroffenen an einer Pūjā ausschließen. Ihre äußere Form erhält sie dadurch, daß durch sie Gott als Gast Ehrung empfängt: Handlungen, die der Erfrischung, dem Schmücken und der Verköstigung des göttlichen Gastes dienen, folgen aufeinander. Daß der Gott aber als Gast geehrt werden kann, setzt sein Kommen voraus. Dies leisten Riten, die die Präsenz Gottes in der das Zentrum der Pūjā bildenden Figur sicherstellen: Lieder werden gesungen und Sprüche rezitiert, die ihn zum Kommen bewegen, wobei ein brennender Leuchter kreisförmig im Uhrzeigersinn, also in glücksverheißender Richtung, um das Götterbild geschwenkt wird – ein Ārtī genannter Ritus. Zur Erfrischung wird Wasser oder ein anderes Getränk gereicht. Das Schmücken kann sehr vielfältig gestaltet sein, vom Verzieren der Stirn mit einem Tilak und Umlegen einer Blumengirlande bis hin zur Neueinkleidung der Götterfigur. Dies geschieht in der Regel in Farben, die für den einzelnen Gott charakteristisch sind, so etwa gelb im Falle Viṣṇus oder rot bei Kṛṣṇa. Die eigentliche Verehrung besteht in der Speisung Gottes mit rein vegetarischen Nahrungsmitteln. Diese Verköstigung, *Naivedya* genannt, ist Teil des Spendens von Opfergaben – Räucherwerk, Blumen, Blätter von (dem jeweiligen Gott heiligen) Pflanzen, Geld. Der Ārtī-Ritus des Schwenkens eines Lichtes um das Idol, der meist von Glockengeläut begleitet wird, kann die Pūjā auch beschließen. In jedem Falle aber steht an ihrem Ende das Entlassen Gottes, weshalb er bei der nächsten Pūjā wieder gerufen werden muß. Danach folgt der entscheidend wichtige Akt der Verteilung der Opfergaben an diejenigen, die an der Pūjā beteiligt sind. Durch den Kontakt mit Gott sind diese Gaben geheiligt, da sie seine heilvolle Gnade, *Prasāda* genannt, enthalten. Sie empfangen die Gläubigen zusammen mit den Gaben und werden ihrer so teilhaftig.

Götter- und Kultbild

Die Verehrung Gottes in seinem Tempel unterscheidet sich nicht grundlegend von derjenigen, die im Hause vollzogen wird. Wird im häuslichen Ritual der im Götterbild anwesende Gott als Gast geehrt, empfängt der im Kultbild anwesende Gott im Tempelritual Ehrung wie ein König – und für eine Göttin gilt Analoges: Frühmorgens wird er mit Musik, dem Entzünden von Duftwerk und dem Schwenken von Lampen geweckt und gebadet; ihm wird der Mund gespült und die Zähne geputzt; dann wird er frisch eingekleidet und geschmückt; danach zeigt er sich dem Gläubigen und empfängt seine Geschenke, deren eßbare er anschließend »zu sich nimmt«. Ähnliche Pūjās mit Verköstigungen mit ebenfalls rein vegetarischen Speisen folgen im Laufe des Tages, bis der Gott schließlich seine Nachtruhe antritt. Die Gaben der Gläubigen an den Gott, zu denen diese Speisen gehören, werden Priestern übergeben, die sie ihm dann übereichen. Nachdem dieser sie angenommen hat, werden sie unter den Gläubigen als Prasāda, als die »Gnade« Gottes enthaltend, verteilt – wobei bisweilen die Speisen ausgenommen sind. Teilweise geschieht dies gegen Bezahlung, Inschriften zufolge handelt es sich dabei um eine sehr alte Praxis der Tempel.

Zentral für die Verehrung Gottes im Haus ist das Götterbild, für die im Tempel vollzogene dieses sowie das Kultbild. Steht im Hausschrein in aller Regel nur ein Götterbild, beherbergen Tempel das *eine* Kultbild und eine große Zahl von Götterbildern. Im zentralen Heiligtum, *Garbhagṛha* genannt, steht das aus Metall oder Stein gefertigte Kultbild des Hauptgottes. Dieses als *Mūla Vigraha* bezeichnete Idol ist nicht beweglich. Deshalb behaust das Garbhagṛha noch ein transportables Bildnis, das anläßlich der großen Feste aus dem Tempel genommen und in Prozessionen durch die Straßen der Städte und Dörfer getragen wird. Dies gibt denjenigen Gläubigen, die nicht oder nur schwer den Tempel betreten können, die Gelegenheit, ihren Gott zu schauen. Außer diesen Idolen des Hauptgottes des Tempels, oft von tiefschwarzem Aussehen, da sie immer wieder mit Öl übergossen werden, stehen dort eine ganze Reihe weiterer Figuren, etwa die seiner Erscheinungsformen und Inkarnationen, die seiner Gemahlin(nen) und anderer Begleiter, wie etwa seines Reittiers, das jeden Gott in typischer Weise charakterisiert, oder die von Heiligen, die für die religiöse Gruppierung, die Träger des Tempels ist, besondere Bedeutung haben, so etwa die der Āḻvārs und Ācāryas in Śrī-Vaiṣṇava-Tempeln. Auch sie sind Gegenstand der Andacht und Verehrung.

Die Aufstellung des Kultbildes im Tempel ist selbst ein Ritual. Dem von den Künstlern fast fertiggestellten Idol werden »die Augen geöffnet«, womit es bereit ist, belebt zu werden. Dann nehmen die Priester das rituelle Installieren vor, dessen Höhepunkt die Abhiṣeka oder auch Saṃprokṣaṇa genannte Inaugurationszeremonie bildet: In ein mit Wasser gefülltes Gefäß wird der Gott herabgerufen, und das »gotthaltige« Wasser dieses Gefäßes wird auf das Idol gesprenkelt und über dieses gegossen. Zugleich mit der Belebung des zuvor leblosen Materials, mit der Wandlung des Kunstwerks zum Kultbild, geht Gott in dieses ein: Das Kultbild *ist* nun – und *bleibt* – Gott, nach dem Verständnis mancher religiöser Gruppierungen ein regelrechter Avatāra (s. S. 53). Dieser Lösung der Grundfrage des Verhältnisses von

Gott und Bildnis steht auf der einen Seite die Auffassung der temporären Identität gegenüber – der Gott »bewohnt« eine Zeitlang das Bild –, auf der anderen Seite diejenige, die davon ausgeht, das Idol sei bloßes Zeichen für das Göttliche. Ersteres kennzeichnet etwa die in der Pūjā verehrten Götterbilder und ebenso jene, die in Festen verwendet werden. In sie wird die jeweilige Gottheit gerufen, um nach Ende der Feierlichkeiten aus ihnen verabschiedet zu werden. Anders aber als die Pūjā-Figuren werden die nun »gott-losen« Figuren der Feste in wohlinszenierten Akten in Flüssen versenkt oder anders entsorgt. Daß Gegenstände reine Symbole des Göttlichen sind, wird im Falle anikonischer Form allgemein angenommen. So genießen der Śālagrāma, ein – vorzugsweise aus dem Fluß Gaṇḍakī in Nepal stammender – Ammonit, der durch seine Form Viṣṇus Diskus ähnelt, die Tulsī-Pflanze, eine »Form« der Göttin Lakṣmī, als Zeichen Viṣṇus, und das Liṅga, ein phallusgestaltiger Stein, als Zeichen Śivas Verehrung in Haus und Tempel. Und auch als Amulette werden diese Gegenstände von Gläubigen getragen.

Tempel und Priester

Die Verwaltung der großen Tempel liegt in der Hand von örtlichen Komitees, die auch Sorge tragen, daß der Betrieb profitabel ist. Dabei bedienen sie sich mitunter ungewöhnlicher Mittel. So wird das Haar, das sich tausende Gläubige bei einem Besuch des Śrī-Veṅkateśvara-Tempels in Tirupati von einem der über 600 Barbiere scheren lassen, zur Herstellung von Perücken in alle Welt verkauft, was dem ohnehin immens reichen Tempel eine jährliche Einnahme von über vier Millionen Dollar einbringt. Der eigentliche Tempelkult wird in dezidierter Arbeitsteiligkeit von einer größeren Zahl von Priestern und deren Gehilfen vollzogen, die oftmals in Ansiedlungen in der Nähe der Tempel zusammen wohnen. Sie erledigen die vielfältigen Aufgaben und Arbeiten in eingeübtem Zusammenspiel. Die Priester stammen oft, wenn beileibe auch nicht ausschließlich, aus brahmanischen Kasten. Sie müssen in aller Regel verheiratet sein, wobei sie für gewöhnlich strikte Endogamie beachten. Weshalb dieser Familienstand gefordert wird, ist unklar. Doch gemahnt dieser Umstand sehr an die bereits in den Dharmaśāstras (s. S. 38–39) niedergelegte Vorschrift, nur ein verheirateter Mann dürfe Rituale durchführen. Ein Priesteramt zu bekleiden, ermöglicht oftmals ererbtes Recht. Notwendig aber, um als Tempelpriester tätig sein zu können, ist eine Initiation, die in mehreren Stufen die Berechtigung und Qualifikation zu rituellem Handeln vermittelt. Entsprechend den verschiedenen Aufgaben während des täglichen Tempeldienstes oder der großen Feste gibt es mehrere Priester, oftmals Ācāryas, Gurukkals und Arcakas genannt, von den Gläubigen teils auch als Pūjāris bezeichnet, die meist je nach der Nähe zum Hauptkultbild, in der sie ihre Handlungen verrichten (dürfen), in der Hierarchie der Tempelpriester höher oder niedriger stehen. Daß all ihre Ämter mit Dienstleistungen verbunden sind und oftmals ihrem Lebensunterhalt dienen, schmälert ihren gesellschaftlichen Status. In der Rangordnung der Priester rangieren sie zwar vor den Toten-, doch deutlich unter den Hauspriestern, in aller Regel Brahmanen, und auch unter nichtpriesterlichen Brahmanen. Begünstigt wird dieser niedrige Status durch den Umstand, daß sich Tempel- und auch Pilgerpriester sehr oft aus nichtbrahmanischen Kasten rekrutieren. Letzteres ist auch der Grund, warum oftmals den Priestern untersagt ist, Verse und Strophen aus dem Veda zu rezitieren, was dann Brahmanen übernehmen müssen. Die Gehilfen der Tempelpriester, die handwerkliche Arbeiten in engerem Sinne zu erledigen haben oder für Gesang und Musik zuständig sind, stammen zumeist aus nichtbrahmanischen Kasten. Dies gilt indes nicht für die Köche des Tempels. Sie müssen Brahmanen sein, da nur von ihnen Angehörige aller Kasten Essen annehmen können.

Nicht nur im öffentlichen Tempeldienst fungieren Priester. Viele Tempel kennen ein System des käuflichen Erwerbs von Tickets durch

Gläubige, die bei Priestern zur Durchführung einer privaten Pūjā im Tempel eingelöst werden können – ein willkommener Nebenverdienst für diese. Gleiches gilt für die Durchführung der häuslichen Rituale – allen voran der *rites de passage*, wie etwa Hochzeit und Bestattung – und des Ahnenkults sowie die Anfertigung von Horoskopen, die jede wichtige Entscheidung im Leben eines Hindu maßgeblich mitbestimmen.

Dies sei der Ort, darauf hinzuweisen, daß jeder größere Tempel seinen eigenen Festkalender besitzt, der zwar den regelmäßigen Besuchern des Tempels vertraut ist, der aber auch öffentlich ausgehängt und so bekanntgemacht wird.

Feste und Zeremonien

Bei den Festen, die nach dem Mondkalender gefeiert werden und deren »absolute« Daten sich deshalb von Jahr zu Jahr ändern, stehen solche, die in ganz oder doch weiten Teilen Indiens gefeiert werden, neben solchen, die geographisch begrenzt sind, etwa auf den Süden oder Norden des Landes oder auf einzelne Gegenden, Orte oder auch Tempel. Auch nach Glaubensgemeinschaften sind die vielen Feste des Landes geschieden, typisch viṣṇuitische stehen neben solchen der Śivaiten und denen der Anhänger einer der Göttinnen. Da auch noch jainistische und muslimische Feste begangen werden, ist Indien gewiß eines der Länder der Erde, die am reichsten an Festen sind, was das öffentliche Leben bisweilen sehr einschränkt. Daß durch die parallele Verwendung von etwa 30 Kalendern diese vielen Feste noch zu unterschiedlichen Zeiten gefeiert wurden, war einer der Gründe, die die indische Regierung unter Jawaharlal Nehru veranlaßte, mit dem 22. März 1957 den *Indian National Calendar* einzuführen – mit eher bescheidenem Erfolg.

Zur Kategorie der in ganz Indien gefeierten Feste gehört das am Vollmond des Monats Phālgun (Februar / März) begangene Holi, in dessen Verlauf das Land durch das Werfen von Beuteln und Luftballons mit gefärbtem Wasser in ein Meer von Farben getaucht wird. Daß für diese Zeit die sozialen Konventionen und die vielen Grenzen der indischen Gesellschaft gelockert sind, macht Holi zu einem Fest der verkehrten Welt, nach dessen Ende die bestehende Ordnung sich um so mehr bestätigt findet. Weitaus ruhiger geht es beim Lichterfest Dīvālī zu. Während dieses am Neumondstag des Monats Kārttik (Oktober / November) begangenen Festes werden Häuser, Straßen und Wege mit in Reih und Glied stehenden Öllämpchen und Kerzen geschmückt. Diese Lichterpracht soll Śrī-Lakṣmī, die Göttin von Glück und Reichtum, zur Einkehr in die Häuser und zum Geben ihrer Gaben bewegen.

Zu Beginn der hellen Hälfte des Monats Āśvin wird in ganz Indien das Navarātra-Fest samt des Daśaharā-Tages gefeiert, das in etwa mit der Tagundnachtgleiche, dem Herbstäquinoktium, zusammenfällt und damit dem Ende des Monsuns unmittelbar vorausgeht. In den verschiedenen Landesteilen geschieht dies in zwei verschiedenen Festen, im Süden und Osten Indiens mit der Verehrung der Göttin Durgā, deshalb dort auch Durgāpūjā genannt, im Norden mit der Huldigung Rāmas. Beide Feste gipfeln in dem Dasaharā, Dussehrā oder auch Vijayadaśamī genannten zehnten Tag, an dem das Gute über das Böse triumphiert und die Weltordnung wiederhergestellt wird. Im erstgenannten Falle wird der Mythos der Bezwingung des Büffeldämons Mahiṣa durch die Göttin Durgā in Szene gesetzt, im anderen der der Tötung Rāvaṇas durch Rāma. Typischerweise beschließt das Versenken der tönernen Figuren und Gefäße, die während des Festes verwendet wurden, insbesondere der riesigen Durgā-Statuen, in Flüssen und Teichen die Durgāpūjā. Die Rāma-Feier hingegen endet mit der Verbrennung gewaltiger aus Stroh und Pappe gefertigter und mit Feuerwerkskörpern gefüllter Abbilder Rāvaṇas. In weiten Teilen Nordindiens ist das Navarātra-Fest in die Rām-Līlā genannte Inszenierung der Rāma-Vita integriert. Diese Aufführung kann bis zu einem Monat dauern. Sie wird vom Vortrag der Rāmāyaṇa-Version des Tulsidās (s. S. 79–80) begleitet und findet an verschiedenen Plätzen der Orte, an denen diese Līlās dargeboten werden, statt, wodurch eine sakrale Landschaft geformt wird. Vor der Pubertät stehende Brahmanen-Knaben verkörpern dabei nicht nur Rāma und seine Brüder, sondern auch Rāmas Gattin Sītā, während Rāvaṇa als grotesk häßliches Pappmaché-Ungeheuer dargestellt ist, dem zum Höhepunkt der Līlā seine vielen Häupter und zahlreichen Arme abgehauen werden und das danach in Flammen aufgeht.

Von Śivaiten wird im Monat Phālgun (Februar/März) die Mahāśivarātri, die »große Nacht Śivas«, begangen. Sie weist mit Fasten, einer Nachtwache (*jāgaraṇa*) und der Verehrung Gottes durch fortwährende Rezitation seiner Namen deutlich Züge einer Observanz (*vrata*) auf und kann deshalb nur bedingt als »Fest« bezeichnet werden.

Der Beginn des neuen Jahres wird in den verschiedenen Landesteilen Indiens zu ganz unterschiedlichen Zeiten gefeiert. Eines der ganz wenigen Feste, die nach dem Sonnenkalender begangen werden, die auf den 14. Januar festgelegte Makarasaṃkrānti, ist eine dieser Neujahrfeiern, die im Poṅkal Südindiens ihr Gegenstück hat. Durch eine kalendarische Verschiebung findet dieses Fest etwa drei Wochen nach der astronomischen Wintersonnenwende am 22. Dezember statt. Gehörte früher ein Kehraus des alten Jahres zum Fest – Entrümpeln und Reinigen von Haus und Hof –, sind heute Wettkämpfe ein prägender Bestandteil, wie sie für Neujahrsfeiern oft so typisch sind. Während die Jugendlichen, die diese in erster Linie veranstalten, im Norden Indiens Drachen steigen lassen und dabei versuchen, die der anderen zum Absturz zu bringen, messen sie sich im Süden in Ochsenkarrenrennen und Ringkämpfen.

Eines der bedeutendsten Feste Indiens ist der Kumbh Melā, der alternierend alle drei Jahre in Allahabad, Hardwar, Ujjain und Nasik gefeiert wird. In diesem zwölfjährigen Zyklus ist jeweils ein sogenannter »Großer Kumbh Melā« in Allahabad eingeschlossen, an jenem Ort

Rathyātrā in Purī

also, an dem Ganges und Yamuna (sowie die ewig unsichtbare Sarasvati) sich in spektakulärer Weise vereinigen. Der vorerst letzte fand zu Beginn des Jahres 2007 statt. Das Fest dauert etwa einen Monat, in dessen Verlauf sich Millionen gläubige Hindus an den Pilgerorten, die an als besonders heilig erachteten Flüssen liegen, zusammenfinden, um zu bestimmten, astrologisch vorgegebenen Zeiten in deren Wasser von Sünden reinigende Bäder zu nehmen – die weltweit größte Wallfahrt: Im Januar 2001 versammelte sich mit 70 Millionen Pilgern in Allahabad eine solche Menschenmasse, daß sie sogar auf Satellitenphotos als solche erkennbar war.

Eine besondere Art von Festen stellen die Prozessionen dar, die oftmals Hunderttausende von Gläubigen anziehen und in deren Verlauf Kultbilder auf riesigen Wagen, begleitet von Gesangs- und Musikgruppen, durch die Straßen der Städte bewegt werden, was *Darśan*, das heilbringende »Erblicken« Gottes, ermöglicht. Die wohl berühmteste ist die alljährliche Wagenfahrt des Idols des Gottes Jagannāth, einer Form Kṛṣṇas, in der ostindischen Tempelstadt Puri. Auf drei gigantischen Holzwagen werden die aus Holzstämmen gefertigten, seltsam unproportional gestalteten und ungeschlacht aussehenden Kultbilder Jagannāthas, seines Bruders Balabhadra und seiner Schwester Subhadrā von einer riesigen Menschenmasse vom Jagannāth-Tempel in einen kleineren Tempel gezogen. Zuvor waren sie in einem öffentlichen Bad ihrer Bemalung entledigt und dann aufwendig neu gekleidet und neu bemalt worden. Nach einem Aufenthalt von sieben Tagen im Guṇḍicā-Tempel werden sie auf dieselbe Art und Weise zum Haupttempel zurückgefahren. Ehe sie in diesen gebracht werden, werden die Holzidole mit goldener Kleidung geschmückt, und nun besteht für kurze Zeit die Möglichkeit, ein besonders heilvolles Schauen zu erleben. Schließlich wird die goldene Bekleidung wieder abgenommen, und die Idole kehren in den Haupttempel zurück.

Eine wichtige Funktion in diesem Wagenfest spielen die Devadāsīs genannten Tänzerinnen, denen nicht zuletzt durch Goethes indische

Legende *Der Gott und die Bajadere* ganz zu Unrecht das Odium der Prostitution anhaftet.

Am Ende dieses kleinen Überblicks über die Feste hinduistischer Religionen soll ein Festtyp vorgestellt werden, der insofern bemerkenswert ist, als sein weltliches Pendant weithin von sehr untergeordneter Bedeutung ist. Denn anders als »menschliche« Geburtstage, die oftmals keine Rolle spielen, da man sich an den genauen Tag des Geborenwerdens nicht erinnern kann, werden die Geburtstage von Göttern aufwendig gefeiert, so im März / April der Rāmas, die Rāma-Navamī, im August / September der Kṛṣṇas, die Kṛṣṇa-Jayantī, sowie der Gaṇeśas, die Gaṇeśa-Caturthī, ein besonders in Maharashtra äußerst beliebtes Fest, das mit der Versenkung der temporären Gaṇeśa-Kultbilder im Meer, in Flüssen und Seen endet.

Eine wichtige Gruppe religiöser Zeremonien sind die Vrata genannten Observanzen. Auch sie werden meist zu festgelegten Zeiten befolgt, vornehmlich entweder einmal im Monat oder einmal im Jahr. Verschiedene solcher Observanzen nehmen ausschließlich Frauen auf sich, seien sie nun alleinstehend oder verheiratet, in aller Regel jedoch nicht verwitwet. Zum Ziel haben diese meist häuslichen, doch stets von allen Frauen (etwa) eines Dorfes zu gleicher Zeit durchgeführten Rituale zumeist das Wohlergehen der Ehemänner, der Kinder (insbesondere der Söhne) oder der ganzen Familie – dies die weitaus häufigste Auskunft befragter Frauen. So wird das Tīj Vrat im Norden und das Sāvitrī Vrat im Süden einmal in jedem Jahr begangen, um den Ehemännern ein langes Leben zu sichern. Frühmorgens nehmen die Frauen ein rituelles Bad und fasten dann den ganzen Tag über. Nach einer Śiva und Pārvatī (s. S. 105) geltenden Pūjā wird eine von der Observanz handelnde Erzählung vorgetragen. Es folgt eine Nachtwache, die mit dem Singen von Liedern über Pārvatīs große Liebe zu Śiva zugebracht wird. Am frühen Morgen des folgenden Tages wird dann das Fasten mit konsekrierter Nahrung (*prasāda*) gebrochen.

Das Hochzeitsritual

Besonders das Hochzeitsritual spiegelt in seinem Aufbau und Verlauf typische Züge des Hinduismus und der hinduistischen Gesellschaft wider, weshalb für kurz bei ihm verweilt werden soll. Auch wenn die Hochzeitszeremonie in den verschiedenen Landesteilen Indiens sehr unterschiedlich gefeiert wird, gibt es doch so etwas wie ein Grundmuster, das den folgenden Ausführungen zugrunde gelegt sei.

Die Motive für eine Heirat sind in Indien auch heute noch die althergebrachten: Zeugung von (männlichen) Kindern und damit – in einem Land, das eine Rente lediglich für seine Beamten und einige wenige Berufsgruppen kennt – Sicherung der eigenen Altersversorgung sowie Wahrung der Kontinuität (vor allem) des Totenkultes. Angesichts der Tatsache, daß die Kaste ein auf gemeinsamen Verwandtschafts- und Heiratsbeziehungen beruhender sozialer Verband ist (s. S. 38–40), kommt der Wahl eines Ehepartners besondere Bedeutung zu. Hierbei tritt die gesellschaftliche Stellung einer Familie und ihr Verhältnis zu anderen Familien offen zutage und steht auch auf dem Spiel. Denn eine Familie kann durch eine Heirat ihren Status nicht nur wahren, sondern auch verbessern oder aber verschlechtern. Und da dies eben die ganze Familie betrifft, ist die Heirat nach wie vor nicht nur eine Angelegenheit der beiden (zukünftigen) Ehepartner, sondern ihrer gesamten Familien. So ist es auch heute noch üblich – wenn auch längst nicht mehr ausnahmslose Regel –, daß Ehen arrangiert werden. Hierzu nimmt die Familie des Mädchens, nach vielen vorsichtig eingeholten Erkundigungen, Kontakt mit der Familie eines in Frage kommenden jungen Mannes auf. Dazu wird oftmals, vor allem in höheren Gesellschaftsschichten und im urbanen Raum, ein »Vermittler« – oft ein einflußreiches Mitglied der Kaste der Braut, häufig auch ein professioneller Heiratsvermittler – eingeschaltet. Besteht auf Seiten der Familie des jungen Mannes Interesse und passen die Horoskope der beiden jungen Leute zueinander, treffen sich auf

Einladung der Familie des Mädchens Abordnungen der Familien im Hause des Brautvaters. Bei diesem Treffen wird das Heiratsanliegen der Brautseite nun offiziell vorgebracht. Verhandlungen über die Höhe des Dowry folgen, der sogenannten Mitgift, in Wirklichkeit der Preis für den Bräutigam. Ist diesbezüglich Übereinkunft erzielt, erfolgt (in der Regel) im Haus des Vaters des Bräutigams die ›Verlobung‹. Ihr kommt die Aufgabe zu, beide Seiten verbindlich auf das Heiratsversprechen festzulegen. Zentraler Ritus ist das Anbringen eines Tilak genannten Zeichens auf der Stirn des Bräutigams (und seiner männlichen Verwandten) durch den Vater und anderer wichtiger Verwandter der Braut. Anläßlich dieser Zeremonie werden Braut und Bräutigam von der jeweils anderen Familie reichlich beschenkt, traditionell auch mit Zucker(gebäck). Oftmals tauschen beide Ringe aus, die allerdings nur bis zur Hochzeit getragen werden. Nach dieser »Verlobung« wird durch einen Vergleich der Horoskope von Braut und Bräutigam der genaue Zeitpunkt für die Hochzeit errechnet. Meist am Vortag der Hochzeit wird nach einem Bad in beiden Häusern die sogenannte *Tel*-Zeremonie gefeiert. In einem eigens hergerichteten Raum mit einem kleinen Opferaltar wird der Braut resp. dem Bräutigam zunächst eine rote Schnur um das rechte Handgelenk gebunden. Dann werden ihre Körper von verheirateten Frauen, deren Ehemänner noch am Leben sind, mit Ölen, denen Gelbwurz beigemischt ist, eingerieben, um am Hochzeitsmorgen wieder entfernt zu werden. Sodann werden die Brautleute festlich gekleidet – die Braut fast immer in einen dunkelroten Sari – und prächtig geschmückt, unter anderem mit einer aus Goldpapier gefertigten Krone, Blumengirlanden, die Braut regelmäßig auch mit dem *Balu* genannten, am linken Nasenflügel getragenen Ring und mit herrlichem Halsschmuck. Durch all dies erhält die Vergöttlichung, die das Brautpaar während der Zeremonie erfährt, sichtbaren Ausdruck. Dann wird der Bräutigam gesegnet, indem eine Lampe um ihn herum geschwenkt wird (s. S. 24). Und danach begeben sich die zur Hochzeits-

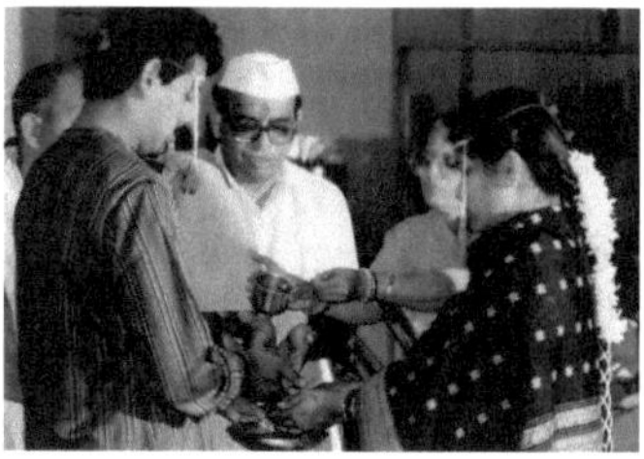

Ritus der »Gabe der Tochter« (Kanyādāna) im Hochzeitsritual

gesellschaft gehörenden Mitglieder der Familie des Bräutigams in einem feierlichen Zug unter Musikbegleitung und Böllerschüssen auf weiten Umwegen zum Haus der Brauteltern, wo sie gastlich empfangen werden. Dort findet die eigentliche Hochzeitsfeier statt. Es sind die Eltern der Braut, die die umfänglichen Kosten zu tragen haben, auch einer der Gründe für die teils hohe Verschuldung von Familien mit vielen Töchtern und damit für die teils äußerst problematische Einstellung zu Mädchengeburten. Umfänglich sind die Kosten deswegen, weil sehr viele Gäste geladen werden und bewirtet werden müssen. Auf diese Weise wird – wie zuvor durch den großen und unüberhörbaren Zug des Bräutigams zum Haus seiner zukünftigen Frau – Öffentlichkeit hergestellt, die Zeuge der Hochzeit und damit des Eheschlusses ist. Dem eigentlichen Eheschluß gehen verschiedene Vertragsschlüsse voraus, die zum einen eine schrittweise Ausgliederung der Braut gewährleisten, zum anderen ein Geflecht von Vertragsverhältnissen zwischen den Akteuren herstellen, das diese mit gegenseitigen Obligationen belegt. Obenstehende Bilder zeigen einen dieser Akte, das *Kanyādāna*, die »(Über)gabe des Mädchens« durch Vater und Mutter an den Bräutigam. Besiegelt wird diese, wie seit undenklichen Zeiten, durch das Ausgießen von Wasser, das kaskadenförmig über die Hände von Vater, Mutter, Bräutigam und Braut fließt, während dabei die Genealogien der Brautleute meist bis hin zur dritten Generation vorgetragen werden.

Danach legt der Bräutigam der Braut das Maṅgalasūtra um, das zuvor von wichtigen Mitgliedern beider Familien »gesegnet« wurde. Dieses Band, das um den Hals getragen wird, ist (eines der) Merkmal(e) der verheirateten Frau, und daher gilt mit diesem Akt die Heirat als geschlossen. Der Braut wird zudem vielfach zum Zeichen ihres neues Status von ihrem Mann Zinnober bzw. einfaches rotes Pulver in den Haarscheitel gestreut.

Die Überführung der Braut in ihr neues Zuhause findet heute meist im Anschluß an die eigentliche Hochzeitszeremonie statt. Dem war aber nicht immer so. Früher lagen oftmals Jahre zwischen der Hochzeit und der »Zeit des Weinens«, da die Tochter endgültig aus ihrer Familie fortzieht, nachdem zuvor die Ehe vollzogen worden war. Bei dem sensiblen Thema der Kinderehe ist deshalb genau darauf zu achten, worüber denn eigentlich gesprochen wird, den Zeitpunkt, da sich Braut und Bräutigam »versprochen« werden, da sie im Hochzeitsritual ihre Ehe schließen oder da sie diese vollziehen. Weil diese drei Ereignisse, die bis zu fünfzehn Jahre auseinanderliegen können, miteinander vermengt wurden, mußte es in den so zahlreichen Kinderehe-Diskussionen zu merkwürdigen Mißverständnissen kommen – sehr zum Nachteil hinduistischer Kultur.

Exkurs: Das indische Kastenwesen

Dies sei der Ort, auf ein Phänomen zu sprechen zu kommen, das bereits wiederholt genannt wurde und das wie wenig anderes die hinduistischen Religionen nachhaltig prägt – das Kastenwesen.

Brahmanen, Kṣatriyas, Vaiśyas und Śūdras bilden die vier Schichten oder Stände der indischen Gesellschaft, *varṇa* genannt. Quer zu dieser Schichtung läuft eine weitere Einteilung, die davon weitestgehend unabhängig ist. Zwar wird das Kastensystem von den Rechtstexten des Dharmaśāstra – zum einen die in Prosa gehaltenen Dharmasūtras, zum anderen die allesamt jüngeren metrischen Smṛtis –, in denen das traditionell geübte Recht und die Sitten und Bräuche hinduistischer Religionen aufgezeichnet ist, aus der Ständegliederung abgeleitet und – wohl deshalb auch – oftmals mit dieser vermengt oder gar verwechselt. Doch ist der Zusammenhang beider, wenn denn ein solcher je bestanden hat, ganz und gar unklar und für den indischen Alltag faktisch irrelevant. Hier ist allein das Kastenwesen von Belang. Und dies gilt nicht nur für den hinduistischen Teil der Bevölkerung. Denn mit Ausnahme des Buddhismus, dem zudem gegenwärtig wenig Bedeutung zukommt, haben alle Religionen »ihr« Kastensystem mit Endogamie, Essensvorschriften und Reinheitsgeboten, Berufsgruppen und Rangordnung. Die hier genannten Faktoren stehen in engem Verbund, dergestalt, daß eine entscheidend wichtige Ursache für die hierarchische Anordnung der Kasten der enge Zusammenhang von Kaste und Beruf auf der einen und von Reinheitsvorstellungen und den auf diese gegründeten Bestimmungen auf der anderen Seite ist. »Seiner« Kaste gehört der Mensch qua Geburt an, daher ihr einheimischer Name *jāti*, »Geburt«. Mitglied einer anderen Kaste zu werden, ist deshalb im Prinzip unmöglich. Die einst strikte Zuordnung von Kaste und Beruf, die – neben anderem – die räumliche Aufteilung von Dörfern und (Groß)städten nach Wohngebieten regelt, ist seit längerem einem Prozeß der Lockerung und Auflösung ausgesetzt. Und ausgenommen von dieser Zuordnung war immer schon die Verrichtung landwirtschaftlicher Tätigkeiten, und gleiches gilt für ›moderne‹ Berufe in Verwaltung, Industrie und Wissenschaft, hier allein aus dem Grund, daß es sie in früheren Zeiten nicht gab. In einer ersten Definition – und diese mag hier genügen – können Kasten deshalb als die hierarchisch geordneten, durch Verwandtschaft und Heirat geprägten, endogamen Gruppen bestimmt werden, aus denen die indische Gesellschaft besteht und die nach außen als Statusverbünde mit eigenen Traditionen und Verhaltensregeln sowie einem traditionellen Gewerbe beziehungsweise einem Feld von erlaubten und verbotenen Arbeiten fungieren. Der Kastenstatus wird dabei von allen Mitgliedern geteilt, die deshalb auch alle den für die jeweilige Kaste geltenden Ge- und Verboten unterliegen. Diesen Status aber hat eine Kaste immer nur in bezug zu den übrigen derselben Siedlungseinheit angehörenden Kasten inne, in einem »durchschnittlichen« indischen Dorf etwa sind dies zwischen zwanzig und dreißig. Es gibt also kein einheitliches, für ganz Indien geltendes Kastensystem, sondern die zwischen 2000 und 2500 Kasten Indiens sind in eine jeweils andere Hierarchie eingebunden.

Dem angesprochenen Endogamie-Gebot steht ein solches der Exogamie gegenüber. Zwar muß innerhalb der eigenen (Sub)kaste geheiratet werden. Doch dürfen Braut und Bräutigam auf Vaterseite keinen Ahnen in sieben, auf Mutterseite in drei Generationen gemeinsam haben. Durch diese Exogamie-Vorschrift, die zeigt, daß die Familie nicht auf dem Prinzip der *cognatio naturalis*, sondern auf dem der Gemeinsamkeit des Ahnenkultus beruht, wird jede Kaste intern gegliedert.

Außerhalb dieses Systems stehen die Kastenlosen. Zwar hat die Gesetzgebung das Institut der Unberührbarkeit abgeschafft, das den Outcasts etwa – um nur ein Beispiel zu nennen – bis in die vierziger Jahre des letzten Jahrhunderts das Betreten eines Tempels verbot. Verschwunden ist dieses damit aber noch lange nicht. Weit über 160 Millionen Inder beweisen seine Vitalität. Damit bilden die als *scheduled castes* oder *Dalits* bezeichneten Gruppen 15 Prozent der indischen Bevölkerung. Rechnet man die Ādivāsins, die Ureinwohner, hinzu, lebt wohl ein Fünftel der Gesamtbevölkerung Indiens noch immer in teils erbärmlichen Verhältnissen außer- und unterhalb des Kastensystems. Wohlgemeinte Versuche, diesem Elend abzuhelfen, wie etwa der der Mandal Commission im Jahre 1991, haben eher zu einer Verfestigung des Kastenwesens geführt denn zu dessen Überwindung und Abschaffung.

Bestattungsritual und Totenfeiern

Wie das Hochzeitsritual kann auch das der Bestattung auf ein ehrwürdiges Alter zurückblicken. Zusammen mit den Feiern, die der Ehrung der Verstorbenen gelten (s. S. 42–43), steht es am Ende der *rites de passage*. Es spiegelt, als in Handlung umgesetztes Interpretationsmuster, hinduistische Vorstellungen über das postmortale Schicksal des Menschen und seiner Seele wider. Da das Sterben an heiligen Orten als besonders heilvoll erachtet wird, kommen noch immer viele alte Menschen etwa nach Benares, um dort zu verscheiden. Den Kern des Bestattungsrituals, das für Männer und Frauen gleich gestaltet ist, bildet die Verbrennung des Verstorbenen. Wiewohl diese die Regel ist, gibt es doch Ausnahmen, die heutzutage in erster Linie den hohen Kosten von geeignetem Brennholz geschuldet sind. Tote, die nicht verbrannt werden, überantwortet man von einem Boot aus direkt den Flüssen, an deren Ufern sich die meisten Leichenverbrennungsplätze befinden. Wird ein Toter kremiert, findet dies meist noch am Sterbetag statt – eine notwendige Folge des indischen Klimas. Auf einer Bahre aus Bambus, in weiße oder rote Tücher gehüllt, wird der Verstorbene zu dem Verbrennungsplatz gebracht, der seinem Wohnort zugeordnet ist. Dort vollziehen Familienangehörige, in der Regel ausschließlich Männer, unterstützt von Priestern, die Verbrennung, die vom »Haupttrauernden«, für gewöhnlich dem ältesten Sohn, durch Entzünden des Scheiterhaufens eingeleitet wird. Dieser war zuvor von Helfern der Priester, die einer unberührbaren Kaste angehören, geschichtet worden. Ist der Scheiterhaufen erloschen, wird entweder die gesamte Asche samt der Gebeine aufgesammelt und dem Fluß übergeben, oder aber es wird lediglich so mit der Asche verfahren, nachdem die Gebeine vorher herausgelesen wurden, um sie zu einem späteren Zeitpunkt in einem besonders heiligen Fluß, möglichst an einem als heilig geltenden Ort wie Benares oder Allahabad, zu versenken. Die folgenden elf Tage werden Riten am Verbrennungsplatz vollzogen, die zum einen den Toten ernähren und ihm zum anderen einen Körper schaffen, mit dem er die Reise ins Jenseits zum Ort der Ahnen antreten kann. Da diese nach verbreiteter Anschauung ein Jahr lang dauert, fand in alter Zeit nach diesem einen Jahr, also nach zwölf Monaten, die formelle Eingliederung des Verstorbenen in die Reihe der Ahnen der Familie statt, wodurch er zu einem befriedeten Toten wird, was ihm seine potentielle Gefährlichkeit nimmt. Heutzutage wird dieses *Sapiṇḍīkaraṇa* genannte Ritual, durch das der Verstorbene zum Pitṛ, zum Ahnen, wird, nach nur zwölf Tagen begangen. Im Zentrum der Handlungen dieser zwölf Tage stehen aus Getreide, Honig, Milch und Ghee oder heutzutage zumeist nur aus Reismehl und Wasser gefertigte Bällchen. Im Sapiṇḍīkaraṇa wird dasjenige, das den rezent Verstorbenen repräsentiert, in drei Stücke geteilt, welche jeweils mit einem der anderen drei Bällchen, die für den Vater, Großvater und Urgroßvater des Verstorbenen stehen, zusammengepreßt werden – ein Symbol für ihre Vereinigung.

Im Monat Bhādrapada / Āśvin, also Mitte September bis Mitte Oktober, wird während des Pitṛpakṣa, des »Halbmonats der Ahnen«, aller Verstorbenen in einem Śrāddha genannten Ritual gedacht. Traditionell werden ihnen dabei vom ältesten Sohn des zuletzt verstorbenen männlichen Familienoberhaupts Reisbällchen und verschiedene Speisen geopfert. Dies geschieht oftmals vor einem mit Wasser gefüllten und aufwendig dekorierten Gefäß, in dem die Verstorbenen als während der Zeremonie anwesend gedacht werden. Weithin vertreten auch Brahmanen die Verstorbenen, die sich – so die Vorstellung – temporär in ihnen inkarnieren. Wie auch immer, wichtig ist, daß das Geopferte tatsächlich verzehrt wird, weshalb diese jährliche Feier, die auch den Beistand der als göttlich geltenden Verstorbenen sichern soll, mit einer Verköstigung der geladenen Mitglieder der Familie zum Abschluß kommt.

Durch den Tod werden die Angehörigen des Verstorbenen unrein, abgestuft je nach Grad der Verwandtschaft. Der Kontakt mit ihnen

Leichenverbrennung am Maṇikarṇika-Ghāṭ von Varanasi (Benares).

wird eingeschränkt, und auch sie selbst haben bestimmte Gewohnheiten, Tätigkeiten und Handlungen zu unterlassen, wie etwa den Besuch des Tempels. Die Zeit der Unreinheit endet für die meisten Verwandten mit dem Sapiṇḍīkaraṇa-Ritual (s. S. 42), also am 13. Tag nach dem Tode, während Ehepartner und Kinder länger in diesem Zustand verbleiben, oftmals noch bis zum ersten Jahrestag des Todes.

Hier mag der Ort sein, kurz auf ein Phänomen zu sprechen zu kommen, das viele in besonderer Weise mit dem Hinduismus verbinden, die Witwenverbrennung, deren letzter und ungemein aufsehenerregender Fall der Feuertod der 18jährigen Roop Kanwar im indischen Bundesstaat Rajasthan im Jahre 1987 war. Statistische Untersuchungen zeigen, daß die Satī, wie diese 1829 von den Briten verbotene Sitte in Indien genannt wird, zu allen Zeiten eine absolute Ausnahme darstellte: Selbst als die Witwenverbrennung so etwas wie Popularität besaß, starb nur eine von tausend Frauen diesen Tod. Fast wichtiger noch als diese ausgesprochene Marginalität ist für einen – so weit dies die Tragik des Einzelfalles zuläßt – sachlichen Umgang mit dieser Art des Sterbens, daß sie eine, wenn auch besondere Form der Totenfolge bildet und zunächst auf die Krieger- und Herrscherschicht beschränkt war. Bei diesem weltweit bezeugten Phänomen folgen ein oder mehrere Menschen in einem ritualisierten und öffentlichen Akt einer zumeist gesellschaftlich herausgehobenen Person in den Tod, freiwillig oder gewaltsam. Durch eine solche Einordnung verliert die Witwenverbrennung ihre Exzeptionalität, und man kann den Blick auf die Frage lenken, warum in Indien die Totenfolge auf die Ehefrau eingeschränkt wurde. Da Totenfolge nur bei mehr oder minder ausgeprägter sozialer Ungleichheit möglich ist, liegt der Grund für diese Einschränkung gewiß in der niedrigen Stellung der Frau in der indischen Gesellschaft – Erbe letztlich wohl der Asketentradition (s. S. 97–98), für die die Frau die Verkörperung des Gefährlichen schlechthin war. Hinzu kommt, daß auf Grund der virilokalen Form der indischen Ehe (s. S. 38) die Frauen Fremde in den Familien sind, in die sie eingeheiratet werden. Der Tod des Ehemannes verschlechterte ihre Position zumeist deutlich, und Witwen hatten stets ein sehr schweres Los zu ertragen. Und bis ins Jahr 1856 war es ihnen gar gesetzlich verboten, noch einmal zu heiraten. Auch wenn Witwen heute nicht mehr geächtet werden, sind sie gleichwohl noch immer stigmatisiert, auch wenn ihnen heutzutage erspart bleibt, sich das Haupt kahlzuscheren. Stirbt der Ehemann, hat die hinterbliebene Witwe die Zeichen des Status der verheirateten Frau abzulegen: Sie zerbricht ihre Glasreifen, die sie in üppiger Fülle um ihre Handgelenke trägt, nimmt das ihr vom Ehemann im Hochzeitsritual umgelegte Halsband ab, kleidet sich weiß und streut sich auch nicht mehr rotes Zinnober-Pulver in den Scheitel ihres Haares und malt sich nicht mehr einen Punkt in gleicher Farbe auf ihre Stirn – äußerliche Zeichen der Witwenschaft, die uns in Europa beileibe nicht fremd sind, die aber auch Indien hinter sich zu lassen beginnt.

Pilgerfahrten

Indien ist von heiligen Stätten, Bergen und Flüssen regelrecht überzogen, die zum Teil durch Pilgerrouten »thematisch« zusammengeschlossen sind. Jede kleinere und größere religiöse Gruppierung hat ihre heiligen Orte, von regionaler oder überregionaler oder auch nur von lokaler Bedeutung. Sie alle aber sind Ziele von Gläubigen, die sie in Massen besuchen. Wesentlicher Bestandteil der Pilgerreisen, die oft aus Anlaß bestimmter Feste (s. S. 29–34) unternommen werden, sind rituelle Bäder vor Ort und Verehrung der lokalen Götter in Pūjās. In diesen Handlungen werden die Pilger von den Paṇḍā genannten Pilgerpriestern unterstützt, die auf diese Weise ihren Lebensunterhalt verdienen. Die Motive für eine Pilgerreise sind unterschiedlicher Art. Doch ist es in aller Regel der Kontakt mit der besonderen Qualität der Örtlichkeiten, der gesucht wird, da er als segensreich erachtet wird. Während Flüsse und Berge *per se* heilig sind – auf die Erde versetzte Teile des Himmels – und diese Heiligkeit an Städte und ganze Areale übertragen können, sind es meist besondere Geschehnisse im Leben der Götter oder berühmter Verehrer, die Orte »heilig« machen. So genießen Ayodhya und Mathura – neben Benares, Hardwar und Allahabad, die besondere Punkte am Verlauf des Ganges markieren – unter den Städten diesen Status, da Rāma und Kṛṣṇa dort geboren sein sollen. Vrindaban, seit dem 16. Jahrhundert Pilgerziel, ist das Gebiet, in dem Kṛṣṇa seine jugendlichen Streiche spielte und sich mit den Kuhhirtinnen vergnügte, Cidambaram der Ort, an dem Śiva seinen Tanz aufführte, der den Rhythmus für Bestand und Vergehen des Kosmos vorgab, und die 108 Śākta Pīṭhas die über ganz Indien verstreuten Stellen, an denen Körperteile der Göttin ruhen sollen. Mit zunehmender Mobilität wurde das Institut der Pilgerreise, das spätestens seit der Zeit des Mahābhārata ein vitaler Teil des praktizierten Hinduismus war (s. S. 107–108) und besonderen Aufschwung durch die Bhakti-Bewegung erfuhr, immer populärer, da sich gleichzeitig

Heilige Stätten
Amritsar
Mt. Kailash
Badrinath
Manasarovar
Kedarnath
Hardwar
Indus
Vrindaban
Mathura
Naraina
Ayodhya
Yamuna
Kamakhya
Nathdwara
Allahabad
Varanasi
Ganges
Modhera
Ujjain
Navadwip
Dwarka
Narmada
Riddhipur
Golf von Bengalen
Nasik
Puri
Godawari
Pandharpur
Krishna
Vijayanagara
Tirupati
Indischer Ozean
Udupi
Kanchipuram
Chidambaram
Srirangam
Madurai
Indischer Ozean
Kanya Kumari
0 100 200 300 400 500 km

auch die Beschwerlichkeiten, die mit ihm verbunden sind, wesentlich verringert haben. Bisweilen hat es heutzutage Züge touristischer Veranstaltungen angenommen, zumal massiv Werbung dafür betrieben wird.

Der Tantrismus

Dieser Abschnitt zum Ritual soll mit der Skizzierung einer Entwicklung abgeschlossen werden, die maßgeblich zur Umgestaltung der hinduistischen Religionen seit der Mitte des ersten nachchristlichen Jahrtausends beitrug und nicht zuletzt auch das Ritual maßgeblich beeinflußte. Der Tantrismus ist eine quer durch diese Religionen verlaufende Erscheinung, die jeweils neben Smārta-Ausprägungen steht (s. S. 8).

Mit dem – aus dem Sanskrit-Wort *tāntrika* gewonnenen – Namen Tantrismus werden religiöse Traditionen bezeichnet, die bestimmte charakteristische Merkmale gemeinsam haben, die in den zumeist Tantras, jedoch auch Āgamas oder Saṃhitās, genannten Texten gelehrt werden. Diese Texte, auf die sich diese Traditionen gründen, sind vor allem mit spiritueller Praxis (*sādhana*) und Ritual befaßt, und je nachdem, ob dort Viṣṇu, Śiva oder eine Göttin als höchste Gottheit verehrt wird, handelt es sich um viṣṇuitische, śivaitische oder śāktische Tantras. Der Tantrismus versteht sich als Gegenentwurf zur vedischen Religion, dieser hinsichtlich der Ziele, die erlangt werden können, deutlich überlegen. Diese sehen die tantrischen Traditionen in Genuß (*bhukti*) und Befreiung (*mukti*). Letztere soll, im Gegensatz zu der von nicht-tantrischen Traditionen in Aussicht gestellten, noch zu Lebzeiten des Tantrikers erfolgen. Ansonsten geht es auch hier um die Erlösung vom Leid ewiger Wiedergeburt. Zu diesem Heilsziel tritt im Tantrismus aber das Streben nach der Erfüllung weltlicher Wünsche. Diese reichen hin bis zum Schwelgen in Wonnen in sonst unzugänglichen Welten und gar der Aneignung magischer Kräfte, die

Macht über andere Personen verleihen. Auch hierzu soll die rituelle Verehrung Gottes verhelfen, der demnach eine doppelte Funktion zukommt. Zur Durchführung dieser Rituale bedarf es einer Berechtigung, die durch die Initiation (*dīkṣā*), durchgeführt von einem Lehrer, erworben werden muß. Diese Initiation dient zugleich der Aufnahme in die religiöse Gemeinschaft. Soll nun ein Ritual durchgeführt werden, muß – einem Grundprinzip des Tantrismus zufolge – alles, was in dieses involviert ist, gottgleich gemacht werden, sei es nun der Verehrer selbst, seien es die Gerätschaften, sei es der Ort des Rituals. Denn »nur Śiva kann Śiva verehren«, wie es in einem der Śaiva-Āgamas heißt und was analog für den Viṣṇuismus gilt. Das geschieht in umfänglichen Transformationsprozessen, die sich im täglichen Ritual wie folgt gestalten. Dieses hebt an mit der Reinigung von physischem Schmutz. Ein solches Bad kann auch mit Hilfe von (in aller Regel nichtvedischen) Mantras und meditativer Betrachtung (*dhyāna*) genommen werden. Dieses beseitigt innerliche Verunreinigung. Dann folgt die Reinigung der Elemente, aus denen der Körper des Verehrers besteht. Diese geschieht durch die gedankliche schrittweise Auflösung der Elemente, die den Körper konstituieren, in ihre jeweiligen Ursachen (s. S. 19). Die am Ende dieses Prozesses der mentalen Vernichtung des Körpers isolierte Seele wird sodann, wiederum gedanklich, in die Weltseele eingeführt. Von dort läßt derjenige, der dieses Ritual vollzieht, seine Seele in den neuen Körper, der nun entsteht, wieder herabsteigen. Dieser wird nun gottgleich gemacht, womit es zu einem regelrechten Wechsel des ontologischen Status kommt. Dies geschieht, indem Mantras, die verschiedene Aspekte Gottes repräsentieren, auf den Körper niedergelegt werden: Mit einer bestimmten Handgeste, die eine göttliche Kraft verkörpert, wird unter Aussprechen eines Mantras ein Körperteil berührt, und damit werden die Körperglieder Gottes auf den Körper des Verehrers gelegt. Hat sich dieser auch innerlich mit Gott identifiziert, kann er mit der Durchführung des eigentlichen Rituals beginnen. In diesem wird Gott einmal geistig visualisiert, sodann physisch-konkret verehrt, wobei beide Verehrungen dieselbe Form haben. Und beide Male muß der Ort, an den Gott gerufen wird, gottgleich sein. Im Falle der geistig-visuellen Verehrung errichtet der Verehrer in sich einen Thron, auf den er Gott Platz zu nehmen bittet und auf dem er, ist dies geschehen, ihn mit geistig visualisierten Opfergaben verehrt, die zum Zwecke der Reinigung ebenfalls zuerst »vernichtet« und dann neu »geschaffen« werden. Bei dieser Verehrung Gottes spielen Maṇḍalas, diagrammartige Gebilde, eine wichtige Rolle. Sind sie gefertigt, werden auf ihre verschiedenen Teile, ähnlich wie im Falle des Körpers des Verehrers, Mantras niedergelegt. Neben Maṇḍalas dienen auch andere Gegenstände als Verehrungsorte Gottes, so etwa mit glücksverheißenden Substanzen gefüllte Gefäße oder alle Arten von Kultbildern. Handelt es sich dabei um das unbewegliche Kultbild des Tempels, entfällt die Einladung, da Gott dort immer gegenwärtig gewähnt wird. Gleiches gilt für seine Verabschiedung, die bei anderer Form göttlicher Präsenz die Verehrung abschließt.

Tantrische Konzeptionen und Praktiken wurden bereits kurz nach ihrem ersten Auftreten in die hinduistischen Religionen integriert. Einen Terminus post quem für dieses erste Auftreten gibt eine Inschrift aus dem Jahre 423 n.Chr. Gründe für den im Tantrismus vollzogenen konzeptionellen Wandel von Kult und Doktrin sowie Herkunft der Praktiken liegen größtenteils im Dunkeln, was Spekulationen über mehr populäre oder gar autochthone Quellen sehr zuträglich war. Ohne dies für den Moment völlig ausschließen zu können, sei betont, daß keine Rede davon sein kann, daß der hinduistische Tantrismus eine volkstümliche Form von Religion im Unterschied zur großen Tradition der nicht-tantrischen hinduistischen Religionen ist. Denn mit deren Vorstellungen und Konzeptionen arbeitet auch der Tantrismus: Seine Kosmologie gründet sich auf die Prinzipienlehre des Sāṃkhya, seine Metaphysik ist die der Vedānta-Systeme (s. S. 18–19), die Yoga-Praktiken entsprechen denen der Yoga-Schulen, die so überaus wichtigen Spekulationen hinsichtlich von Sprache und Metasprache stehen auf dem Boden der Sprachphilosophie, so wie sie die einheimische indische Grammatik entworfen hat, und die Makro-Mikrokosmos-Entsprechungen gehen bis in die Zeit des späteren Veda zurück. Was neu ist, ist deren Einschmelzung in ein neues Ganzes, den Tantrismus eben, und dessen Ausrichtung auf ein Streben hin nach einer Teilhabe am Göttlichen mit seinen Vollkommenheitsprädikaten und nicht nur nach Erlösung aus der Kette der Wiedergeburten.

DIE GROSSEN HINDUISTISCHEN RELIGIONEN IN IHRER GESCHICHTLICHEN ENTWICKLUNG

Der Viṣṇuismus

Die Bezeichnung Viṣṇuismus für eine Religion, deren Kult und Theologie auf Viṣṇu als höchsten Gott ausgerichtet ist, ist erst gegen Ende des fünften Jahrhunderts n. Chr. greifbar. Und alles deutet darauf hin, daß der Viṣṇuismus nicht allzu weit vor dieser Zeit überhaupt erst zur dominanten Gruppierung einer Reihe verwandter Bewegungen (gemacht) wurde. Denn was für den Hinduismus gilt, gilt ebenso für den Viṣṇuismus: eine Konstellation durchaus unterschiedlicher Religionen. In seinem Falle aber ist es noch schwieriger, die einzelnen Strömungen in Raum und Zeit zu greifen und sie in ihrer Eigenheit deutlich voneinander abzugrenzen. Das sicherste Mittel, dies zu leisten, ist es, die Gottesgestalten, die im Mittelpunkt der kultischen Verehrung und der theologisch-philosophischen Reflexion der verschiedenen viṣṇuitischen Bewegungen standen, durch die Geschichte zu verfolgen, bis sie an Viṣṇu angegliedert wurden. Dies geschah in aller Regel mittels Identitätskonstruktionen, oftmals nach dem Prinzip göttlicher Vielnamigkeit. Besondere Bedeutung kam hierbei der Vorstellung zu, der eine Gott Viṣṇu trete mehrfach in Erscheinung. Und unter den verschiedenen Ausprägungen dieser für den Viṣṇuismus charakteristischen Konzeption ist die der göttlichen »Herabstiege« zu Zeiten kosmischer Krisen, die sogenannte Avatāra-Vorstellung, die mit Abstand wichtigste. Durch die Nachzeichnung ihrer Genese erhält das etwas amorphe Gesicht des Viṣṇuismus deutliche Konturen.

Im allgemeinen gilt, daß der Viṣṇuismus in seiner Einstellung zu gesellschaftlichen Verhältnissen und sozialen Problemen von einem ausgesprochenem Konservatismus geprägt war. Dieser scheint unmittelbare Folge der viṣṇuitischen Gotteskonzeption zu sein, der zufolge Gott die Ordnung der Welt eingerichtet hat und sie gegen jedwede Bedrohung schützt. Die andere charakteristische Eigenschaft ist der extreme Devotionalismus, der alle viṣṇuitischen Religionen kennzeichnet und der – zusammen mit genanntem Konservatismus – der Herausbildung solch heteropraxer Gruppierungen, wie sie Śivaismus und Śāktismus kennen, hindernd im Wege stand.

Viṣṇu und die Götter des Viṣṇuismus

Zentrale Konzeption der Gottesgestalt des Viṣṇu ist sein kämpferisches, heldenhaftes Eintreten zum Wohle der Menschen und der ganzen Welt. Diesen Zug übernahm er von Indra, als dessen Kampfgefährte er im Ṛgveda (s. S. 111–112) auftritt. Da der siegreiche Anführer immer schon als Verkörperung **Indras** galt, ging mit dem Aufgehen dieses Gottes in Viṣṇu auch genannte Vorstellung, eine der Wurzeln der Avatāra-Konzeption, auf letzteren über. Und so läßt sich seit früher Zeit eine enge Verbindung von Viṣṇu zum König- und Kriegertum ausmachen, ersteres bedingt gewiß auch durch Viṣṇus bereits im Ṛgveda greifbare Funktion der Gewährung von Fruchtbarkeit und Wohlstand. Besonders seine enge Beziehung zur Fruchtbarkeit hatte ihn wiederum in Verbindung zu Prajāpati, den »Herrn der Geschöpfe«, gebracht. Da dieser, wie auch Viṣṇu, in den Brāhmaṇas

→ S. 111

als Verkörperung des »Opfers« galt, kam es offenbar zu einem solch engen Zusammenschluß, daß sich nun auch Gottesgestalten, die ehemals mit Prajāpati verbunden waren, an Viṣṇu anschlossen. Von weitreichender Bedeutung für den (nachmaligen) Viṣṇuismus sollte es werden, daß Prajāpati respektive der mit ihm verschmolzene →S. 111 **Brahmā**, ein weiterer Demiurg, bereits in alten kosmographischen Entwürfen mit Nārāyaṇa gleichgesetzt worden war. Denn nun kam es – soweit zu sehen über Prajāpati-Brahmā – zu einer Verbindung von Nārāyaṇa und Viṣṇu. Und über Nārāyaṇa wiederum, mit dem Kṛṣṇa Vāsudeva identifiziert wurde – im Mahābhārata an prominenter Stelle geschehen –, trat letztgenannter in enge Beziehung zu Viṣṇu. All dies war ein langanhaltender Prozeß, der erst lange nach der Zeitwende abgeschlossen war. So lange, und selbst darüber hinaus, behielten die Götter, die schließlich in Viṣṇu aufgingen, ein selbständiges Gepräge, das im Folgenden in groben Umrissen nachgezeichnet werden soll.

An den – wenigen – Stellen der älteren vedischen Texte, die von Nārāyaṇa sprechen, wird er überwiegend als *Puruṣa Nārāyaṇa* bezeichnet und dabei regelmäßig in Zusammenhang mit dem Opfer gebracht, insbesondere mit dem Puruṣamedha, dem »Menschenopfer«. So knapp dies alles gehalten ist, so deutlich zeichnet sich, besonders im Lichte der weiteren Entwicklung, die Konzeption seiner Gottesgestalt doch ab. In Nārāyaṇa wurde der Puruṣa, ein primordiales Urwesen, gesehen, durch dessen Tötung und Zerteilung – ganz der des germanischen Urriesen Ymir entsprechend – die Welt erschaffen wurde. Deshalb wurde er zugleich als Stammvater der Menschen betrachtet, wie etwa im Harivaṃśa, der danach benannt ist, daß er den »von Hari (= Nārāyaṇa) ausgehenden Stammbaum« beschreibt. Noch das Nārāyaṇīya, der von diesem Gott handelnde Textabschnitt des Mahābhārata, stellt ihn, den »Herrn des Opfers«, genauso dar, wie vedische Texte den Puruṣa-Riesen beschreiben: Hundertköpfig, tausendäugig, mit tausend Beinen, Bäuchen und Armen. Durch seine

Zerteilung entsteht die Welt, und so ist er das Opfer schlechthin. Dieser enge Bezug zum Opfer war sehr wahrscheinlich der Punkt, über den es zu der Verbindung mit Prajāpati (s. S. 51) und dessen »Nachfolger« Brahmā kam. Dies mag einen Zug in der Konzeption Nārāyaṇas erklären, der, so wichtig er auch ist, sich – derzeit noch – unserem Verständnis entzieht. Es ist dies seine enge Beziehung zum Wasser, von der bereits vergleichsweise alte Texte zeugen. Denn Prajāpati ist als Schöpfergott eng mit dem Wasser verbunden. Greifbar wird dies im Falle Nārāyaṇas, neben anderem, in der Vorstellung der »Weißen Insel«, der eine solch große Bedeutung im Nārāyaṇīya zukommt: Auf dieser Insel der Seligen, im Norden des Milchmeeres gelegen, weilt Nārāyaṇa, umgeben von halbgöttlichen Wesen, die ihn in völliger Hingabe verehren. Faßbar ist diese Verbindung aber auch in der Vorstellung des auf den Wassern – und dort auf der Schlange Śeṣa – ruhenden Nārāyaṇa, der so die Periode des Nichtbestehens der Welt überdauert, und in der »aquatischen« Natur der theriomorphen Avatāras Viṣṇus – dem Fisch, der Schildkröte und dem (ins Wasser untertauchenden) Eber –, die ursprünglich zu Nārāyaṇa gehörten. Und es ist diese Lehre von den Avatāras, die maßgeblich zur Einschmelzung ganz verschiedener religiöser Gruppierungen in den Viṣṇuismus und gleichzeitig zu dessen Vormachtsstellung beitrug, für die Nārāyaṇa eine entscheidende Rolle spielte. Denn noch im Mahābhārata werden diese »Herabstiege« als Formen Nārāyaṇas betrachtet und nicht als solche Viṣṇus. Vieles allerdings deutet darauf hin, daß dies ursprünglich nur für die theriomorphen galt, also für Fisch, Schildkröte und Eber, die ehemals jedoch mit Prajāpati verbunden waren (s. S. 55). Denn diese stellen sich an die Seite zweier weiterer tiergestaltiger Verkörperungen Nārāyaṇas, von Haṃsa »Gans« und Hayaśiras »Pferdekopf«, beide ebenfalls eng mit Prajāpati-Brahmā verbunden. Diese beiden erscheinen noch in frühen Listen, die die Verkörperungen, hier regelmäßig als Prādurbhāvas »Offenbarwerdungen« bezeichnet, aufzählen. Der entscheidende Schritt hin zur Entwicklung des eigentlichen Avatāra-Konzeptes scheint in dem Moment erreicht worden zu sein, als Kṛṣṇa Vāsudeva, der göttliche Held des Mahābhārata, als menschengestaltige Inkarnation Nārāyaṇas betrachtet wurde (s. S. 52). Denn es war das Erscheinen Kṛṣṇas, das das Modell für die Avatāra-Konzeption als solche bildete. Dieses Erscheinen gewann seine Plausibilität durch die Vorstellung, Kṛṣṇa »trete in jedem Weltalter ins Dasein, wann immer das Recht abnimmt und das Unrecht sich erhebt…, um die Guten zu schützen und die Bösen zu vernichten« (Bhagavadgītā 4.7–8). Dies ist insbesondere dann der Fall, wenn sich ein Weltzeitalter dem Ende zuneigt. Und dies wiederum ist die Zeit der mit Greuel besetzten Fremdherrschaft, die ihrerseits die bevorstehenden Schrecknisse des Weltuntergangs ankündigt. So kann es ganz gewiß kein Zufall sein, daß das Avatāra-Konzept in Zeiten der Hunnen-Einfälle des beginnenden sechsten Jahrhunderts besondere Popularität gewonnen hat und daß es just zu dieser Zeit auf Viṣṇu hin ausgerichtet wurde, sprich: den König, der, »ein Gott, seinen Wohnsitz unter den Menschen genommen hat«, wie es eine Inschrift der Guptas formuliert.

Es finden sich verschiedene Avatāra-Listen, die sich in Anzahl, Anordnung und Aufgezähltem wesentlich voneinander unterscheiden. Weite Verbreitung fand eine Zusammenstellung von zehn Inkarnationen Viṣṇus, der aber keineswegs kanonische Gültigkeit zukam: (1) Fisch (*Matsya*), (2) Schildkröte (*Kūrma*), (3) Eber (*Varāha*), (4) Mannlöwe (*Narasiṃha*), (5) Zwerg (*Vāmana*), (6) Rāma mit der Streitaxt (*Paraśu-Rāma*), (7) Rāma, der Sohn Daśarathas (*Rāma Dāsarathi*), (8) Kṛṣṇa, (9) Buddha und (10) Kalkin. Inschriftlich ist eine solche Aufzählung erstmals in der Mitte des siebten Jahrhunderts belegt, allerdings ohne Kṛṣṇa, an dessen Stelle ein dritter Rāma genannt wird, wie dies auch noch im Gītagovinda geschieht, einem im zwölften Jahrhundert im Umfeld des Jagannāth-Kultes von Puri (s. S. 33) entstandenen Kṛṣṇa-Hymnus. Trotz dieser Abweichung gibt diese Inschrift einen ungefähren zeitlichen Anhaltspunkt für die Zusammenstellung der Zehnerliste. Diese ordnet die Avatāras einmal chronologisch, entsprechend ihres Erscheinens in der Welt, sodann ihrer Gestalt nach. Die drei rein theriomorphen Verkörperungen, die den Anfang dieser Zehnerliste bilden, sind vom Veda bis in die Purāṇas hinein nicht mit Viṣṇu, sondern mit Prajāpati verbunden und über diesen Nārāyaṇa – und damit letztlich Viṣṇu – angegliedert worden (s. S. 53). Die in der Avatāra-Liste den Übergang zu den menschengestaltigen Inkarnationen fünf bis zehn bildende Mischgestalt des Mann-Löwen fußt auf einem vedischen Indra-Mythos und ist in der – offenbar – ältesten Erzählung, deren Gegenstand sie ist, bereits mit Viṣṇu verknüpft. Die einzige dieser Inkarnationen allerdings, die schon immer zu Viṣṇu gehörte, ist der Zwerg, der als ›kleiner Mensch‹ den zweiten Teil der Liste eröffnet, der die Namen der menschengestaltigen Avatāras aufführt, ehemals von Viṣṇu ganz unabhängige Heroengestalten, die ihm teils erst im fünften Jahrhundert angegliedert wurden.

Auch die Lehre von den »Herabstiegen Viṣṇus« hatte die Frage zu beantworten, wie der eine Gott gleichzeitig transzendent *und* immanent sein könne. Die Antwort, die bevorzugt gewählt wurde, bestand in der Minimierung physischer Präsenz: Nur ein winziges Teilchen Gottes verkörpere sich hier auf Erden, der Rest bleibe unverändert, der Erde entrückt. Besonders anschaulich setzt eine Stelle des Mahābhārata diese Lösung des Problems um: Ihr zufolge ist Kṛṣṇa aus einem einzigen Haar – bezeichnenderweise – Nārāyaṇas entstanden.

Es klang bereits an, daß es von entscheidender Bedeutung für den frühen Viṣṇuismus war, daß an das »Gottes-Konglomerat« *Viṣṇu-Nārāyaṇa-Prajāpati* mit Kṛṣṇa ein Gott angegliedert wurde, der wiederum mehrere eher volkstümliche Gottesgestalten im Gefolge hatte. Anknüpfungspunkt für Kṛṣṇa selbst war Viṣṇus Konzeption als nimmermüder Kämpfer zum Wohle der Menschen. Denn auch Kṛṣṇa war, seit er in der Überlieferung faßbar ist, als Held konzipiert. Dies ist er zuvörderst als Kṛṣṇa Vāsudeva, »Kṛṣṇa, der Sohn des Vasudeva«, der Held des Mahābhārata, der hier auf Seiten der Pāṇḍavas kämpft (s. S. 122) und ihr – oft skrupelloser – Ratgeber ist. Deutlich verschieden von seinem sonstigen Auftreten im Mahābhārata ist das in der Bhagavadgītā. Denn dort wird Kṛṣṇa als höchster Gott dargestellt, dies jedoch ganz unabhängig von Viṣṇu, ohne also mit diesem identifiziert zu werden – dies sollte erst zu Beginn der Gupta-Ära geschehen. Im Gegensatz zum Aufstieg Rāmas von einem Helden zu einem Gott (s. S. 78) verlief der von Kṛṣṇa also nicht im Rahmen der Avatāra-Lehre, sondern indem er durch eine vergleichsweise ausgearbeitete Theologie zu einem Helden erhoben wurde. Zentral dabei war der Glaube an das Wirken Kṛṣṇas in der Geschichte, an seine Geschichtlichkeit, was (zusammen mit seiner anthropomorphen Konzeption) von der Forschung unglücklicherweise dahingehend ausgelegt wurde, Kṛṣṇa verdanke sein Gottsein der Deifizierung eines sterblichen Menschen.

Mit Kṛṣṇa Vāsudeva wurden weitere Heldenfiguren, die ebenfalls zum Stamm der Vṛṣṇis zählen, dem sich entwickelnden Viṣṇuismus angegliedert. Zusammen mit seinem älteren Bruder Baladeva, seinen Söhnen Pradyumna und Sāmba und seinem Enkel Aniruddha bildete Kṛṣṇa die Gruppe der (sog.) Pañcavīras, der »Fünf Helden«. Münz- und Steininschriften zeugen von ihrer (kultischen) Verehrung seit dem zweiten Jahrhundert v. Chr. und dies sogar außerhalb des ›eigentlichen‹ Indien.

Ikonographisch ist uns Kṛṣṇa Vāsudeva durch sein Vehikel (s. S. 105), den Vogel Garuḍa, und durch seine Waffen, die Keule (*gadā*) und die radförmige Wurfscheibe (*cakra*), greifbar. Gleiches gilt für seinen älteren Bruder Baladeva, den ein mit einem Löwenhaupt verzierter Pflug (*hala*) und ein ihm als Waffe dienender Mörser (*musala*) kennzeichnen. Bei einem (angeblich) zweiten Darstellungstyp, der diesen Gott mit einer Schlangenhaube, einem einzelnen Ohrring und einem vor der Brust gehaltenen Trinkbecher zeigt, handelt es sich indes um Saṃkarṣaṇa (s. u.), mit dem Baladeva erst spät verschmilzt. Als Mitglied der Pañcavīras war Baladeva aller Wahrscheinlichkeit nach – wie Kṛṣṇa – ein Held in Menschen*gestalt*. Doch zeigt er im Mahābhārata verschiedentlich deutliche Affinität zu Schlangen, die sich besonders darin äußert, daß er als Inkarnation der Weltenschlange Śeṣa gilt. Dies führte dazu, daß er schon im zweiten Jahrhundert v. Chr. mit einer Gestalt identifiziert wurde, welche ebenfalls in Verbindung zu Schlangen steht. Von dieser, Saṃkarṣaṇa mit Namen, finden sich bereits zur Mitte des ersten Jahrhunderts v. Chr. Skulpturen, die ihn vor Schlangen zeigen. Und wenig später wird er wie oben beschrieben dargestellt. Hintergrund dieser allmählichen Verschmelzung zweier ursprünglich verschiedener Gestalten, des Vṛṣṇi-Helden Baladeva und der Schlangengottheit Saṃkarṣaṇa, die auch ikonographisch faßbar ist, war offenbar die Integration – oder: das Eindringen – eines Schlangenkultes in die sich um Kṛṣṇa und seine »Verwandtschaft« formierende Bhāgavata-Religion (s. S. 59–60). Während der aus dieser Verschmelzung entstehende (nachmalige) Balarāma sich als Inkarnation Viṣṇus, obwohl er in verschiedenen Listen aufscheint, letztlich nicht durchsetzen konnte, erhielt Saṃkarṣaṇa einen festen Platz in der Vyūha-Konzeption des Pāñcarātra (s. S. 61–62).

Erfolgte über Baladeva die Angliederung eines Schlangenkultes, war es Sāmba, in dessen Gefolge ein **Sonnenkult** Einzug in den nachmaligen Viṣṇuismus hielt (s. S. 112–113). →S. 112

Kṛṣṇa Vāsudeva, heroischer Kämpfer der Vṛṣṇis, von (den Theologen) der Bhagavadgītā zum höchsten Gott unter allen erhoben, ist zu verschieden vom Hirtenknaben Kṛṣṇa Gopāla, als daß man von einer ursprünglichen Identität ausgehen dürfte. Dieser Hirte scheint dem Mahābhārata nicht unbekannt gewesen zu sein. Jedoch handeln ausführlich von ihm erst spätere Texte, wie der Harivaṃśa etwa. Und dort erscheint der »unbeschwerte« Gopāla, der Kuhhirtinnen schöne Augen macht und seine Umgebung mit Streichen aller Art in Atem hält, als eine ganz andere Gestalt als der kühle Stratege des Mahābhārata, Kṛṣṇa Vāsudeva. Doch auch der Kuhhirte erweist sich als göttliches Wesen, etwa durch seine übernatürliche Kraft: So tötet er schon als Baby mit bloßen Händen die Schlange Kāliya, die ihm sein böser

Oheim Kaṃsa in die Wiege geschickt hat; die Hexe Pūtanā, die ebenfalls von Kaṃsa beauftragt war, Kṛṣṇa zu töten, saugt er regelrecht zu Tode; und als Kleinkind hebt er den Berg Govardhana in die Höhe, um die Hirten von Brāj vor den Regengüssen des aufgebrachten Indra zu schützen, hatte er sie doch überredet, nicht mehr Indra, sondern dem Berg zu opfern. In dem schließlich als Avatāra Viṣṇus geltenden Kṛṣṇa scheinen somit zwei verschiedene Gottesgestalten aufgegangen zu sein. Zwischen den so unterschiedlichen Kṛṣṇas, Vāsudeva und Gopāla, vermitteln die Texte, indem sie erzählen, Kṛṣṇa sei kurz nach seiner Geburt im Stamm der Vṛṣṇis von Mathurā von den Ābhīra-Hirten des Brāj-Landes aufgenommen worden und habe bei ihnen seine Kindheit und Jugend verlebt. Erst als junger Mann sei er dann nach Mathurā zurückgekehrt, um den Dämon Kaṃsa zu töten – eine Tat Kṛṣṇa Vāsudevas, die bereits das Mahābhārata erwähnt.

Eine bedeutende Rolle in den Religionen des Viṣṇuismus, die Kṛṣṇa als ihren höchsten Gott verehren, spielen seine Gespielinnen, die Kuhhirtinnen von Brāj. Die Mythen, die sich um diese ranken, entwickelten sich in unterschiedlichen Traditionen, die jeweils verschiedene Komponenten beisteuerten: Die epische Überlieferung befaßt sich ausschließlich mit dem Liebesverhältnis von Kṛṣṇa und den Hirtenmädchen, die weltliche Poetik führt das Thema der temporären, die purāṇische Tradition das der endgültigen Trennung der Liebenden ein sowie das mit diesem zusammenhängende Motiv des *rāsa*-Tanzes – ihn tanzt Kṛṣṇa zusammen mit den Hirtinnen, ehe er Brāj in Richtung Mathurā verläßt. Aus der Schar der anonymen Hirtinnen hebt die weltliche Poetik eine hervor, Kṛṣṇas Lieblingsgefährtin Rādhā, deren Verhältnis zu Kṛṣṇa das der Liebe-bei-Trennung ist: Sie, eine verheiratete Frau, verzehrt sich in den Phasen erzwungener Trennung von Kṛṣṇa in Liebe zu ihm, ein glühender Schmerz, den erst die Wiedervereinigung mit dem Geliebten lindert. Während Rādhā in vielen Bhakti-Traditionen als Symbol der zu Gott hinstrebenden und trotz gelegentlicher Berührungen doch stets von ihm getrennten Seele

Kṛṣṇa untergeordnet ist, wurde sie ihm gelegentlich doch gleichgestellt oder gar übergeordnet, so etwa im Rādhāvallabha-Saṃpradāya, der seinen Namen von der Vorstellung erhält, Kṛṣṇa genieße nur insofern Verehrung, als er der »Geliebte Rādhās« ist (s. auch S. 74).

Die viṣṇuitischen Religionen

Diese Gottesgestalten wurden von verschiedenen Glaubensgemeinschaften verehrt. Mit ihrer Angliederung an Viṣṇu wurden sie in Ströme eingesogen, aus denen sich der spätere Viṣṇuismus speiste. Obwohl Teil von ihm, haben kṛṣṇaitische Religionen allerdings stets eine gewisse Eigenständigkeit bewahrt. Bis zu einem gewissen Grad behielten indes auch andere Gruppierungen eine solche, indem sie besondere Formen der Initiation praktizierten – im Zentrum stehen Weitergabe (und Empfang) einer heiligen Formel (*mantra*) durch einen Lehrer, der durch die Gegenwart Gottes in ihm (außer in seinem Fleische) Gott ist – und sich durch äußerliche Merkmale wie Stirnzeichen und Brandmale voneinander abhoben.

Das Bhāgavata

Das Bhāgavata ist eine der ersten greifbaren Traditionen, die den nachmaligen Viṣṇuismus bilden. Sein wesentliches Merkmal war die kultische Verehrung von Kṛṣṇa Vāsudeva und seiner männlichen Verwandtschaft aus dem Vṛṣṇi-Clan – ein typischer Heroenkult. Träger war die aristokratische Schicht der indischen Gesellschaft, wie Inschriften, die die Bhāgavata-Religion für die ersten Jahrhunderte vor der Zeitenwende für das westliche Nordindien belegen, ausweisen. Die wichtigste dieser Inschriften, entdeckt in Besnagar (Madhya Pradesh) und dort im ausgehenden zweiten vorchristlichen Jahrhundert angebracht, weist auf ein offenbar typisches Muster hin: Vor einem Tempel, in dem die »Fünf Helden« (s. S. 56) Verehrung genossen, waren Säulen errichtet, auf denen ihre Embleme thronten. Die weite Verbreitung des Vṛṣṇi-Kultes der Bhāgavatas läßt sich ikonographisch bis in die Gupta-Ära nachweisen. Demgegenüber ist die Bezeichnung Bhāgavata in den ersten nachchristlichen Jahrhunderten epigraphisch nicht belegt und tritt erst wieder mit Beginn der Gupta-Ära auf. Die dort wie auch in früherer Zeit herausgestrichene Bedeutung vedischer Opfer darf als Indiz dafür gewertet werden, daß wir es mit *einer* Bhāgavata-Religion zu tun haben, die über fast ein Millennium Bestand hatte. Wie sich diese, zumal im einzelnen, gestaltete, läßt sich derzeit nicht sagen. Alles, was wir jenseits vager Vermutungen wissen, ist, daß es religionsgeschichtlich von großer Bedeutung sein sollte, als der wichtigste Gott der Bhāgavatas, Kṛṣṇa Vāsudeva, mit dem priesterlichen Nārāyaṇa identifiziert wurde (s. S. 52). Und vieles deutet darauf hin, daß die Verfasser des Nārāyaṇīya (s. u.) für die breite Propagierung dieser Vorstellung verantwortlich zeichneten und daß dies vor allem im zweiten und dritten nachchristlichen Jahrhundert geschehen ist. Damit ließe sich diese Vorstellung im Umfeld des frühen Pāñcarātra verorten, das in Konzeptionen, die ganz auf Nārāyaṇa ausgerichtet waren, solche einschmolz, die sich um Kṛṣṇa Vāsudeva und seine Verwandten gebildet hatten.

Das Pāñcarātra

Das Nārāyaṇīya, an exponierter Stelle des Mahābhārata stehend, ist das älteste textliche Zeugnis des Pāñcarātra, einer nachmals vor allem in Tamilnad heimischen religiösen Gruppierung. Von den älteren Abschnitten dieses Textes wird Nārāyaṇa (s. S. 52) als höchster Gott und zugleich als Verkünder der Pāñcarātra-Lehre betrachtet. Die allgemein voranschreitende Identifizierung von Nārāyaṇa und Kṛṣṇa-Vāsudeva erfaßte bald auch das Nārāyaṇīya, und in dessen jüngeren Schichten gewinnen Vāsudeva und mit ihm verbundene Konzeptionen deutlich an Gewicht. Im Zuge dessen tritt neben den Namen Nārāyaṇa der des Vāsudeva, unter dem die höchste Gottheit des Pāñcarātra fortan firmiert. Mit dieser Identifizierung wurden auch Gottesgestalten, die mit Kṛṣṇa-Vāsudeva verbunden waren, der vom

Pāñcarātra propagierten Nārāyaṇa-Verehrung angegliedert. Dies gilt insbesondere für Saṃkarṣaṇa, Pradyumna und Aniruddha, allesamt Kṛṣṇa vom Mythos verwandtschaftlich zugeordnet. Diese Überlagerung des Nārāyaṇa- durch den Bhāgavata-Kult mag erklären, warum das Pāñcarātra oftmals als *Sātvata* bezeichnet wird, ist dies doch der Name der Sippe Kṛṣṇas und seiner Verwandten, zu der Nārāyaṇa ursprünglich keinerlei Beziehungen hatte.

Das zentrale Anliegen des Nārāyaṇīya und damit der Gruppierung, der dieser Text zuzuordnen ist, ist die Frage der Sicht- bzw. Unsichtbarkeit Gottes. Dieses Problem hatte sich aus den widerstreitenden Vorstellungen ergeben, ein transzendenter Gott habe die ganze Welt erschaffen: Kann Nārāyaṇa, dieser Welt enthoben, die doch seines Wesens ist, geschaut werden oder bleibt er für immer und in jedem Falle unsichtbar? Zunächst scheint diese Frage ein Problem des Kultes gewesen zu sein, der für die religiöse Gemeinschaft, der dieser Text entstammt, eine wichtige Rolle spielte. Denn es war seit alters eines der entscheidenden Elemente – und Funktionen – des Kults, die Epiphanie Gottes, der auf diese Weise verehrt wurde, zu erwirken. Die Konzeption eines alle Zeit unsichtbaren Gottes stünde dem jedoch entgegen und machte den Kult prekär. Die Lösung des Dilemmas bestand für das frühe Pāñcarātra darin, einen Gott zu konzipieren, der sowohl unsichtbar als auch sichtbar ist. Unsichtbar ist er für all diejenigen, die ihn nicht mit nur ihm geltender Hingabe verehren. Geschieht dies jedoch, nimmt Nārāyaṇa Gestalt an und zeigt sich dem ihn Verehrenden, den er durch diesen Akt der Gnade zum Heil führt, das in der Erlangung der unumkehrbaren Einheit mit ihm besteht: Der endgültig Erlöste geht ein und auf in Nārāyaṇa, wesenseins mit ihm werdend. Fortgeschrittenerer Reflexion mochte dieses einfache Konstrukt nicht mehr genügen. Es galt nun zu erklären, in welcher Weise, wann und warum Nārāyaṇa Gestalt annimmt. Die Antwort gaben verschiedene theologisch-philosophische Konzepte. Eines davon hat als ein besonderes Kennzeichen des frühen Pāñcarātra zu gelten, die Lehre von den »Auseinanderschiebungen« Gottes (*vyūha*). Sie ist in mehreren unterschiedlichen Varianten überliefert. Der prägnantesten zufolge entfaltet Nārāyaṇa aus sich die Gestalt des Vāsudeva, aus dem wiederum Saṃkarṣaṇa hervorgeht, der nun seinerseits Pradyumna aus sich entläßt, aus dem dann Aniruddha entsteht. Aus diesem kommt schließlich Brahmā hervor, der sodann die Welt schafft. Dieses stufenweise Absteigen Nārāyaṇas in die Sichtbarkeit wurde somit in Form einer genealogischen Abfolge von Göttern konzipiert, dem Hesiodschen Entwurf griechischer Kosmogonie durchaus ähnlich. Dabei wurden Vorstellungen, die sich um Abstammung und Verwandtschaft Kṛṣṇa Vāsudevas ranken, adaptiert und Nārāyaṇa angegliedert. Zudem wurden in einer Zusammenschau der Entwürfe impersonaler und personaler Weltschöpfung auf diese Geneaologie die Prinzipien (einer Vorstufe) der Sāṃkhya-Philosophie (s. S. 18–19) projiziert, mittels derer diese die Welt in ihrer Entstehung erklärt hatte. So wurde Kṛṣṇa-Vāsudeva mit der Weltseele, Saṃkarṣaṇa – als Vāsudevas (Halb)bruder diesem sehr ähnlich und doch ein anderer – mit der verkörperten Seele gleichgesetzt, Vāsudevas Sohn Pradyumna mit dem Denkvermögen und dessen Sohn Aniruddha mit der Ich-Vorstellung identifiziert. Letzteres war Ansatzpunkt für die Angliederung des Demiurgen Brahmā.

Diese Vyūha-Gestalten nimmt Gott an, um die ihn Verehrenden zu den beiden Zielen zu führen, die das Pāñcarātra dem Menschen setzt. Die Erlangung weltlichen Wohls (*bhukti*) ist nur möglich, wenn es die Welt gibt, und diese schafft und erhält Gott mittels seiner Vyūhas. Und das Heil der Erlösung (*mukti*) wird vor allem durch die meditativ gewonnene Einsicht – und dadurch herbeigeführte Verwirklichung – der Wesensgleichheit und Einheit mit Gott gewonnen. Und dazu muß dieser in sichtbarer Gestalt faßbar sein, was er in seinen Vyūhas ist.

Für den Hinduismus spielte die Vyūha-Vorstellung des Pāñcarātra keine wesentliche Rolle. Von großer Bedeutung hingegen war diese Religion durch ihre Ausgestaltung des Rituals, insbesondere des Tempelkultes. Dieser hatte sich seit etwa dem siebten Jahrhundert aus einem individuell-privaten Ritual entwickelt – ein Phänomen, das bei etlichen religiösen Gruppierungen vor allem im Süden Indiens zu beobachten ist. In ihn flossen die elaborierten theologischen und kosmologischen Konzeptionen des Systems ein. Besonders die kosmologischen Vorstellungen stehen in engstem Zusammenhang mit dem Ritual. Dem Pāñcarātra galt der Tempel als Körper Gottes, durch den er in der Welt gegenwärtig ist, und in seinen Bestandteilen sah es den Kosmos mit seinen Prinzipien abgebildet: Gott, Kosmos und Tempel verschmelzen so zu einer Einheit. Das Zentrum des Tempels bildet das Kultbild. Dabei übernahm das jüngere Pāñcarātra die Vorstellung, auch das Idol sei ein Avatāra Viṣṇus, ein leibhaftiger »Herababstieg« in die Welt, vergleichbar seinen Entfaltungen zu den Vyūhas.

Das Vaikhānasa

Auch die großen Gegenspieler der Pāñcarātrins innerhalb des südindischen Viṣṇuismus, die Vaikhānasas, verehren Viṣṇu in seiner Gestalt als Nārāyaṇa, eine Folge der Verschmelzung beider Götter, die bereits im ältesten erhaltenen Vaikhānasa-Text, dem vermutlich aus dem dritten nachchristlichen Jahrhundert stammenden Vaikhānasagṛhyasūtra, greifbar ist. Dieser Text gibt detaillierte Anweisungen für eine häusliche Idolverehrung, aus der sich im Laufe der Zeit ein elaborierter Tempelkult entwickelte, der zunehmend in Konkurrenz zu dem des Pāñcarātra trat. Im Zentrum des Vaikhānasa-Tempelrituals steht die Umsorgung zweier Kultbilder, eines immobilen und eines beweglichen. Diese Zweiheit der Kultbilder spiegelt die beiden Aspekte des einen Gottes der Vaikhānasas wider: Das unbewegliche Idol im Sanktum repräsentiert den uranfänglichen, transzendenten Aspekt Gottes, das mobile den weltimmanenten – Ritual und Theologie korrelieren. Während die religiöse Gemeinschaft, so wie sie von genanntem Gṛhyasūtra widergespiegelt wird, deutlich asketische und weltentsagende Züge zeigte, bildeten die späteren Vaikhānasas eine berufsmäßige

Priesterschaft, die wichtige viṣṇuitische Tempel Südindiens wie den Veṅkateśvara-Tempel in Tirumalai oder den Pārthasārathi in Madras rituell versorgten. Die Tradition, daß Śrī-Vaiṣṇava- Tempel, wie eben der Pārthasārathi, dem Ritual der Vaikhānasas – oder aber dem des Pāñcarātra – folgen (s. S. 67), hat sich bis auf den heutigen Tag erhalten.

Die weitgehende Ritualisierung der Gottesverehrung war wiederholt Anlaß zu Polemik gegen die Vaikhānasas und heftiger Auseinandersetzung mit ihnen. Diese wiederum waren bemüht, ihre Zugehörigkeit zur vedischen Tradition zu betonen und sich von anderen viṣṇuitischen Gruppierungen, zumal solchen tantrischer Couleur, wie etwa den Pāñcarātrins, deutlichst abzugrenzen. So wird die Idolverehrung, die zusammen mit dem Tempelkult den Erlösungsweg konstituiert, durch eine Reihe (pseudo)vedischer Riten ergänzt, ein Erbe der Vergangenheit der Vaikhānasas. Und weiterhin spielt bei ihnen das Aufnahmeritual der »fünf Sakramente« (*pañcasaṃskāra*), das – bestehend aus (1) dem Einbrennen eines Diskus und Muschelhorns (*cakra, śaṅkha*) auf den Armen, (2) der Anbringung viṣṇuitischer Embleme auf verschiedenen Körperteilen, (3) der Vergabe eines viṣṇuitischen Namens, (4) dem Lehren eines bestimmten Mantras und (5) der Einführung in die Viṣṇu-Verehrung – im Pāñcarātra und Śrī-Vaiṣṇava so wichtig ist, nur insofern eine Rolle, als dadurch die Konversion von Nicht-Vaikhānasas sichtbaren Ausdruck erhält – deutliche Abwertung dieser Initiation. Im Gegensatz dazu erhält ein Vaikhānasa seine Zugehörigkeit bereits dann, wenn seine Mutter schwanger ist: Das ritualisierte Essen von Reisbrei, der mit den in Eisen gegossenen Viṣṇu-Emblemen gebrandmarkt wurde, durch die Schwangere konstituiert das künftige Mitglied dieser religiösen Gemeinschaft.

Die Āḻvārs

Tiefgreifende Auswirkungen auf die Geschichte des Viṣṇuismus sollte eine Gruppe von Mystikern haben, der Tradition zufolge zwölf an der

Zahl, die zwischen dem siebten und neunten Jahrhundert in Südindien lebten und auch unteren Gesellschaftsschichten entstammten. So war der wohl bedeutendste der Āḻvārs, Nammāḻvār, der Sohn eines Śūdra. Und auch eine Frau, Āṇṭāḷ, gehörte zu ihnen. Für ihre hochpoetischen ekstatisch-mystischen Lieder verwendeten sie nicht das Sanskrit, die Hochsprache des Nordens, sondern eine der Landessprachen des Südens, das Tamil. Daß dieses im Norden nicht (oder doch nicht so ohne weiteres) zu verstehen war, stand der schnellen und weiten Verbreitung der Hymnen der Āḻvārs entgegen, ebenso die Entfernung des Gebietes ihrer Entstehung. Deshalb hatten sie zunächst wenig Einfluß auf die Sanskrit-Tradition des Nordens. Erst als sie vermutlich gegen das Ende des zehnten Jahrhunderts von einem Sanskrit-Text, dem im Süden Indiens verfaßten Bhāgavata-Purāṇa (s. S. 68–69), adaptiert wurden, sollte die stark emotional und erotisch gefärbte Bhakti vom Süden Indiens, wo sie mittlerweile das religiöse Leben weitester Teile der Bevölkerung prägte, den Weg in den Norden nehmen. Spielte Viṣṇu-Nārāyaṇa im Süden Indiens für die Tempelverehrung Gottes die zentrale Rolle, war es für die Āḻvārs Kṛṣṇa, in Südindien Māyōṉ genannt, dem die Aufmerksamkeit galt, und zwar ganz besonders in seiner Form als Gopāla, der unter den Kuhhirten lebt und sich mit deren Frauen vergnügt. Über eine Zugehörigkeit dieser Poeten zu einer bestimmten viṣṇuitischen Tradition ist gleichwohl nichts bekannt. In ihren Liedern widmen sie sich der intensiven Liebe von Kṛṣṇa und seinen Gespielinnen, in der sich ihnen die Wonne der Vereinigung von Gott und Seele, aber auch der Schmerz ihres Getrenntseins abmalt. Die Brautmystik späterer Zeit vorwegnehmend, hatte ihr Wirken maßgeblichen Anteil an der starken Emotionalisierung der Gottesverehrung, die vor allem den Viṣṇuismus so nachhaltig prägen sollte. Von großer Wirkung war auch die Art und Weise, in der sich diese Gottesliebe artikulierte: Der Preis Gottes wurde nun in hymnenartigen Liedern intoniert und den inbrünstig lauschenden Massen in ihren Sprachen zu Musikbegleitung vorgetragen. Besonders die von Rāmānuja veranlaßte Aufnahme der Lieder der Āḻvārs in die regelmäßige Liturgie der Śrī-Vaiṣṇava-Tempel und die Einrichtung eines jährlich im Dezember/Januar stattfindenden Festes, in dessen Verlauf die viertausend Hymnen des Nālāyirativiyappirapantam (s. u.) rezitiert werden, das sogenannte Adhyayanotsava, trugen zur großen Popularität der Āḻvārs bei, die sichtbaren Ausdruck in der Aufstellung von Idolen dieser Heiligen in den Tempeln der Śrī-Vaiṣṇavas fand.

Das Śrī-Vaiṣṇava

Im zehnten Jahrhundert wurden die viertausend Lieder der Āḻvārs von Nāthamuni im Nālāyirativiyappirapantam gesammelt, nachdem sie ihm, so die Legende, von Nammāḻvār in einer yogischen Trance übermittelt worden waren. Nāthamuni steht am Anfang einer Reihe von Viṣṇu-Theologen, die den Tamil-Devotionalismus mit der Philosophie und dem Ritualismus der Sanskrit-Tradition zusammenführten. Der nächste bedeutende dieser Lehrer, Nāthamunis Enkel, der gegen Ende des zehnten Jahrhunderts lebende Yāmuna, mit seinem Tamil-Namen Āḻavantār, war zugleich der große Apologet der Pāñcarātra-Überlieferung, die er in seinen Schriften als dem Veda gleichgestellt zu erweisen suchte. Folge war, daß das Śrī-Vaiṣṇava, wie die von diesen Lehrern begründete Tradition heißt, sowohl den Veda (samt der Upaniṣads) als auch die Hymnen der Āḻvārs und die Saṃhitās des Pāñcarātra als verbindlich anerkannte, eine signifikante Verbreitung der Basis textlicher Autorität. Der eigene Beitrag auf textlicher Ebene waren theologisch-philosophische Traktate in Sanskrit auf der einen und eine umfangreiche Kommentarliteratur in Maṇipravāḷa, einer hybriden literarischen Mischsprache aus Sanskrit und Tamil, auf der anderen Seite.

Philosophisch vertreten Nāthamuni und Yāmuna ebenso wie der einflußreichste der Śrī-Vaiṣṇava-Lehrer, der im elften Jahrhundert lebende Rāmānuja, den »Nicht-Dualismus dessen, was unterschieden ist« (*Viśiṣṭādvaita*), eine theistische Ausprägung des Vedānta, die die Einheit der geistigen und ungeistigen Entitäten der Welt mit und in Gott postuliert: Ontologisch sind diese zwar verschieden, Seelen und Materie bilden aber den Körper Gottes und kommen so zu einer Einheit mit ihm. Mit dieser spezifischen Philosophie verband das Śrī-Vaiṣṇava zunächst den Vaikhānasa-, seit Rāmānuja den Pāñcarātra-Kult. Denn auch für das Śrī-Vaiṣṇavas ist die Idolverehrung, ob nun im Tempel oder zu Hause, zentrales kultisches Moment. Als höchste Gottheit wird Viṣṇu-Nārāyaṇa zusammen mit seiner Gemahlin Śrī verehrt, die die Rolle einer Mittlerin zwischen Gläubigem und Gott einnimmt. Zu ihnen nimmt der Gläubige Zuflucht, ein ebenfalls ritualisierter Akt, der erst die Übung der von yogischen und rituellen Handlungen begleiteten Gottesliebe (*bhaktiyoga*) ermöglicht, die zur Erfahrung der wahren Natur Gottes und damit zur Erlösung führt.

Über die Frage, wie Erlösung erlangt werden könne, wie sich also der Heilsweg im einzelnen gestalte, spalteten sich die Śrī-Vaiṣṇavas im 14. Jahrhundert in zwei Richtungen. Die »nördliche Schule« (*Vaṭakalai*), mit ihrem Mittelpunkt in Kāñcipuram und namhaft repräsentiert von Vedānta Deśika (13. Jh.), betonte, daß der Gläubige selbst einen Beitrag zu seiner Erlösung leisten müsse, vergleichbar dem Affenbaby, das sich an seiner Mutter halten muß, um von dieser getragen zu werden. Diese Schule stellte – »tantrisches« Denken aufgreifend – Śrī-Lakṣmī als nahezu gleichberechtigt neben Viṣṇu: Auch sie könne Befreiung aus der Kette der Wiedergeburten gewähren. Die »südliche Schule« (*Teṉkalai*), mit Mittelpunkt in Śrīraṅgam, behauptete demgegenüber, daß es ausreiche, auf die Gnade Gottes zu vertrauen. Sie wählte den Vergleich des Katzenjungen, das von seiner Mutter getragen wird, ohne selbst etwas dazu zu tun. Auch in bezug auf Śrī-Lakṣmī vertrat diese Schule eine andere Meinung: Zwar sei sie das wichtigste der von Viṣṇu abhängigen Wesen; dies ändere aber nichts an ihrer Abhängigkeit.

Das Bhāgavatapurāṇa und die viṣṇuitischen Saṃpradāyas

Mit der Abfassung des Bhāgavatapurāṇa sollte eine neue Phase des Hinduismus anheben. Zumal für die Richtungen, die sich des Sanskrit als Textsprache bedienten, war dieses Purāṇa die Pforte, über die die im Süden Indiens weiterentwickelte Bhakti-Vorstellung Aufnahme fand. Von entscheidender Bedeutung war es dabei, daß dieser Text binnen kurzer Zeit solchen Einfluß gewann, daß er die Aufmerksamkeit von Theologen fand, die seine Mythologie zum Gegenstand ihrer Arbeit machten. Unmittelbar nachweisbar ist dies dann, wenn die Gründer von Glaubensgemeinschaften sich in ihrem Werk an diesen Text anschließen, sei es in einem umfangreichen Kommentar, sei es in einem nur kurzen Auszug. Einer der ersten, von dem solches bekannt ist, ist der ab der Mitte des 13. Jahrhunderts wirkende Madhva aus dem westlichen Karnataka, wo seine Anhänger, die Mādhvas, (wie auch in Bengalen) noch heute stark vertreten sind und wo sich die meisten der vierundzwanzig Klöster befinden, die von Madhva selbst gegründet worden sein sollen. Śaṅkaras mit einem Illusionismus gekoppelten Monismus stellte Madhva seine Dualitätslehre entgegen, der zufolge Gott und Seelen real verschieden sind, weshalb denn auch – so seine Konzeption – die erlöste Seele nicht mit Gott verschmelze, sondern in dessen unmittelbare Nähe gelange, wo sie auf immer in unendlichem Glück verbleibe. Die strikte Ablehnung des Illusionismus scheint bei Madhva Folge der besonderen Verhältnisse des 13. Jahrhunderts gewesen zu sein, die für die Hindus Südindiens in ihrer Bedrohlichkeit nur allzu real waren. Wie Rāmānuja vor ihm gründete Madhva eine religiöse Glaubensgemeinschaft, den nachmaligen Brahma-Saṃpradāya, und schuf diesem ein spezifisches philosophisches Programm, das den Weg zur Erlösung zeichnete, deren Ausprägung er beschrieb. Entscheidend für die Erlösung des Menschen ist danach die Hingabe an Gott, die im Leben Ausdruck in seiner inbrünstigen Verehrung findet. Dabei tritt allerdings das erotische Moment, das die südindische Bhakti im allgemeinen kennzeichnet, ganz in den Hintergrund. Durch Betrachtung des geweihten Idols und durch meditative Versenkung wird eine Beziehung zu Gott erstrebt, die der zwischen Herrn und Diener ähnelt. Als Inkarnation der Götter Vāyu und Viṣṇu – ein solcher Anspruch wird erstmals von ihm in der indischen Religionsgeschichte erhoben – erhält Madhva von ihnen göttliche Inspiration, und dank ihr verfaßt er kanonische Texte, die die Richtigkeit seiner Lehre erweisen sollen, indem sie diese mit der vedischen Tradition verbinden.

Die Popularität der Mādhva-Tradition gerade in Karnataka ist auch Folge des Wirkens des Haridāsakūṭa. Diese Verehrer des in Paṇḍharpūr (s. u.) heimischen Idols des Viṭṭhala, einer (späterhin mit Viṣṇu identifizierten) lokalen Gottheit, zogen quer durch Karnataka und das angrenzende Maharashtra und brachten dem Volk, sich seiner Sprache bedienend, Madhvas Lehre nahe. Auf solche Weise kam es zur langsamen Verbreitung der im Süden Indiens entwickelten Bhakti-Frömmigkeit gen Norden. Eine bedeutende Rolle spielte in diesem Diffusionsprozeß das eben genannte Maharashtra, noch heute die Schnittstelle von Nord- und Südindien. Dabei kam dem Vārkarī Panth, dem »Pfad der Pilger«, besondere Bedeutung zu, einer Bewegung, die seit dem 13. Jahrhundert aus verschiedenen Gruppierungen entstanden war, die – wie eben der Haridāsakūṭa – die Verehrung des Gottes Viṭṭhala, inschriftlich für das späte zwölfte Jahrhundert bezeugt, teilten. Namengebend war die alljährliche Pilgerreise zum Idol dieses auch Viṭhobā genannten Gottes nach Paṇḍharpūr, einem im äußersten Süden Maharashtras gelegenen Ort. Als Gründer des Panth gilt Jñāndev, ein gegen Ende des 13. Jahrhunderts lebender Poet, aus dessen Feder ein sich an die Bhagavadgītā anlehnender Text stammt. Jñāndev, seiner Herkunft nach ein Śaiva, war nicht nur von der großen südindischen Vedānta-Tradition beeinflußt, sondern auch von der des Nāth-Yoga (s. S. 77–78). Wichtiger für die Geschichte des Vārkarī Panth – und vermutlich sein tatsächlicher Gründer – war allerdings Nāmdev, der wohl im frühen 15. Jahrhundert wirkte. Seine zahlreichen Pilgerreisen nach Nordindien und sein langjähriger Aufenthalt dort stellten die Verbindung zwischen der Bhakti-Bewegung Maharashtras und der des Panjab, Rajasthans und Uttar und Madhya Pradeshs her. An Bedeutung übertroffen wurde er – ebenso wie Eknāth, ein in der zweiten Hälfte des 16. Jahrhunderts lebender Brahmane, der das Bhāgavata-Purāṇa in die Landessprache Maharashtras, das Marathi, übersetzte – von Tukārām, dem letzten der großen Dichter-Heiligen des Vārkarī Panth, der in der ersten Hälfte des 17. Jahrhunderts lebte, ein Zeitgenosse von Shivaji also, der den Moguln erbitterten Widerstand leistete und sich nach erfolgreichem Kampf 1674 feierlich zum König der Marathen krönen ließ. Wie viele andere Bhakti-Dichter ging auch Tukārām zum einen den Anspruch der Brahmanen an, im Besitz des einzig »richtigen« religiösen Wissens zu sein, zum anderen das Kastensystem, an dessen Spitze die Brahmanen standen und die es von dort aus stabilisierten. Die Liebe zu Gott und die Liebe Gottes zählten ihm alles. Sie ließen ihn sogar die Dringlichkeit der Erlösung hinter das Verbleiben in der Welt mit Gottes Liebe zurückstellen.

Anders als der Vārkarī Panth trug die zweite große viṣṇuitische Bewegung Maharashtras, die der Mahānubhāvas (auch Mānbhāvs oder Manbhaus genannt), vergleichsweise wenig zur Verbreitung der südindischen Bhakti bei. Gegründet von Cakradhara im 13. Jahrhundert mit ihrem Zentrum in Riddhipur, einem kleinen Ort im zentralen Maharashtra, sonderten sich die Mahānubhāvas früh vom Hauptstrom der Bhakti-Bewegungen ab, da sie Idolverehrung generell ablehnten. So entwickelten sie auch eine Geheimschrift, um ihre Texte zu überliefern, was Grund für deren geringe Bekanntheit ist. Sie verehren auf Grundlage eines modifizierten Monotheismus Parameśvar, der durch seinen Herabstieg nach Karmabhūmi (s. S. 9) Erlösung für den Menschen möglich macht. Herabgestiegen sei er, so der Glaube, in fünf Formen, in Cakradhara, in dessen Lehrer und dem Lehrer dieses Lehrers und in den Göttern Dattātreya und Kṛṣṇa. Diese genießen denn auch bei den Gläubigen tiefe Verehrung, die sich an Objekten, mit denen die Inkarnationen Parameśvars in Berührung gekommen sein sollen, und an Orten, die diese (angeblich) besucht haben, festmacht.

Außer durch langsame Diffusion gelangte die neue, vornehmlich vom Bhāgavata-Purāṇa propagierte Form der Gottesverehrung und der Heilssuche auch mit einzelnen Pilgern aus dem Süden in den Norden Indiens. Als einer der ersten soll Nimbārka den weiten Weg zu den heiligen Stätten seines Glaubens gemacht haben, ein vermutlich gegen Ende des 13. Jahrhunderts lebender Brahmane aus Andhra Pradesh. Da allerdings die Verbindung der von ihm inaugurierten Tradition des Sanakādi-Sampradāya mit Brāj, der Gegend, in der Kṛṣṇa seine Jugend verbrachte, erst für das ausgehende 15. Jahrhundert tatsächlich belegt werden kann, kaschiert diese Nachricht wohl vielmehr zwei Konstrukte. Zum einen ist in ihr der verbreitete hagiographische Topos der Pilgerreise (s. S. 45–47) zu den heiligen Stätten der Kṛṣṇa-Vita zu sehen, zum anderen eine Art von ahistorischer Rückprojizierung der Wiedergewinnung des gegen Ende des 15. Jahrhunderts von Sultan Sikandar Lodi (1488–1517) zerstörten heiligen Landes durch viṣṇuitische Heilige. Wenig ist von Nimbārka und der frühen Geschichte der Nimāvats, wie die (vor allem in der Gegend von Mathurā und in Rajasthan vertretenen) Nimbārka-Anhänger auch genannt werden, bekannt. Sicher ist, daß Nimbārkas glühende Verehrung von Kṛṣṇa und seiner Gemahlin Rādhā (s. S. 58–59) zur Gründung des ersten spezifisch kṛṣṇaitischen Saṃpradāya führte. Deutlicher zeichnet sich die Geschichte der Nimāvats erst seit dem 16. Jahrhundert ab. Im Zuge einer Reform, die mit den Namen von nun sicher in Mathurā und Brāj ansässigen Oberhäuptern der Sekte verbunden ist, wurde Rādhā in den Rang einer Gottheit erhoben und auf eine Stufe mit Kṛṣṇa gestellt. Von nun genoß sie als Göttin und Śakti Kṛṣṇas dieselbe Verehrung wie dieser selbst. Die Sekte wurde durch Untergliederung in zwölf Zweige straffer organisiert und zunehmend für Haushälter geöffnet, die mit ihrem Vermögen zu deren Prosperität beitrugen. Gleichwohl blieben die Asketen in diesem Saṃpradāya eine starke Fraktion. Teile von ihnen erlangten dadurch Berühmtheit, daß sie sich im 18. Jahrhundert im Zuge der Auseinandersetzung mit Śaiva-Asketen bewaffneten. Heute ist der Hauptsitz der Nimbārkas Salemabad nahe Ajmer in Rajasthan, wo sich der heilige Śālagrāma-Stein (s. S. 27) befindet, der von Nimbārka selbst stammen soll.

Gegen Ende des 15. Jahrhunderts nahm die Sehnsucht, an jenem Ort zu leben, an dem Kṛṣṇa seine Kindheit verbrachte, ganz konkrete Formen an. Anders als im Falle von Nimbārka läßt sich dies bei Vallabha auch tatsächlich nachweisen. Geboren 1479 in Zentralindien in einer Familie von Vaiṣṇava-Brahmanen verbrachte er seine Kindheit in Benares, siedelte später aber nach Mathurā über. Auf zahlreichen Pilgerreisen durch ganz Indien verkündete er seine Lehre, auch sie eine Verbindung einer spezifischen Philosophie mit einem besonderen Heilsweg, dem Puṣṭimārga. Auf dem Boden des Vedānta-Systems (s. S. 19) vertrat Vallabha einen reinen Monismus, dem zufolge außer Kṛṣṇa nichts wirkliche Existenz besitze. Obwohl das erotische Element bei Vallabha nicht fehlt, bedeutet es für ihn doch die höchste Wonne, wenn der Kṛṣṇa Verehrende sich um diesen in der Weise sorgt, wie dies Eltern für ihr Kind tun. Deshalb wird Kṛṣṇa als Bāla Gopāla, als »kleiner Kuhhirte«, verehrt, dessen Taten und Streiche symbolisch verstanden werden. Auch für Vallabha war das Bhāgavatapurāṇa höchste Autorität. Doch verfaßte er nicht nur einen Kommentar dazu, der für seine Gefolgsleute, die Vallabhācārins, verbindliche Autorität besitzt, sondern auch zu den drei Grundwerken der Vedānta-Philosophie, der sogenannten Prasthanatrayi, Kommentare zu den Upaniṣads, zum Brahmasūtra – dem Grundtext des Vedānta-Systems – und zur Bhagavadgītā, weshalb die von ihm gegründete, heutzutage vor allem in der merkantilen Schicht der Städte des westlichen Nordindiens heimische Tradition den Status eines Saṃpradāya besitzt. Der Überlieferung zufolge soll in diesem der Rudra-Saṃpradāya aufgegangen sein, den Viṣṇusvāmin im 13. Jahrhundert gegründet habe, über den uns indes, wie auch über Viṣṇusvāmin selbst, so gut wie nichts bekannt ist. Vallabhas Sohn Viṭṭhalnāth gliederte die Sekte in sieben Zweige, denen zunächst jeder seiner Söhne und in der Folge der Erstgeborene des jeweiligen Hauptes vorstand. Diese Organisationsform trug zur weiten Verbreitung der Vallabha-Anhänger bei. Viṭṭalnāth war es auch, der die Rolle Rādhās und damit die erotische Seite der Kṛṣṇa-Verehrung weitaus stärker betonte als sein Vater. Aus Furcht vor dem Ikonoklasmus der Mughals wurde das Nāthjī-Idol (s. u.) Mitte des 17. Jahrhunderts nach Nathdwar, einem Ort in Rajasthan, gebracht, der seitdem das kultische Zentrum der Vallabha-Sekte bildet.

Teil der kultischen Verehrung Kṛṣṇas in der Tradition Vallabhas, die dieser 1494 unmittelbar nach seiner Identifizierung eines Kultbildes Kṛṣṇas als Śrī Govardhan Nāthjī *in persona* – der die Kuhhirten von Brāj vor dem tobenden Indra schützende Kṛṣṇa – etabliert haben soll, sind auch Lieder, die der blinde, zu Beginn des 16. Jahrhunderts wirkende Dichter Sūrdās zum Preis des Knabengottes Kṛṣṇa verfaßte. Weithin beruht auch sein Sūrsāgar genanntes Hauptwerk auf dem Bhāgavatapurāṇa.

Die angesprochene Emotionalisierung und Erotisierung der Kṛṣṇa-Verehrung in der Vallabha-Tradition dürfte dem starken Einfluß zu verdanken sein, den Caitanya auf die Bhakti-Sekten ausübte. Fast zu derselben Zeit wie Vallabha wirkte dieser durch seine Ekstasen schon zu Lebzeiten berühmte Heilige in Bengalen und Orissa. Diese Gebiete hatte die Welle der Bhakti, die aus dem Süden nach Norden wogte, im zwölften Jahrhundert erreicht, und mit ihr war das Bhāgavatapurāṇa bekannt geworden, das für die viṣṇuitischen Gruppierungen dieses Teils Indiens ganz besondere Bedeutung gewinnen sollte. Es war jedoch die verzehrende Liebe der im Bhāgavatapurāṇa nicht namentlich genannten Rādhā zu Kṛṣṇa, die die Dichter und Mystiker in ihren Bann zog. Diese prägten dem bengalischen Viṣṇuismus die ihn kennzeichnende Ästhetisierung religiöser Erfahrungen auf. Mit dem von Jayadeva verfaßten Gītagovinda war 1185 der Text des bengalischen Kṛṣṇa-

Kultes schlechthin geschaffen worden – auch er von auserlesener Vollkommenheit. Dieser ausgeprägte Kunstsinn hat sicherlich den Boden für Caitanyas Wirken bereitet. Weit mehr glühender Verehrer denn Theologe und Philosoph lebte er die Kṛṣṇa-Devotion als nachstrebenswertes Vorbild und gestaltete eine neue Form der Verehrung, indem er die typischen Bhakti-Elemente des Gesanges, der Musik und des Tanzes stärkte und zu einer Einheit verband, in deren Mittelpunkt der Name Kṛṣṇas stand. In ekstatischen Gruppenandachtsfeiern erfuhren die Gläubigen eine androgyne Wandlung hin zu Geliebten Kṛṣṇas. Die grundlegenden Texte dieser Tradition wurden erst von Caitanyas Gefolgsleuten verfaßt, allen voran von sechs seiner Schüler, den sogenannten Gosvāmis, die die mystisch-ekstatischen Erfahrungen Caitanyas theologisch und philosophisch unterlegten.

Großen Einfluß hatte das Wirken Caitanyas und der Gosvāmins vor allem auf die Rādhāvallabha- und die Sahajiyā-Tradition. Zu erstgenannter, von Hita Harivaṃśa zu Beginn des 16. Jahrhunderts ins Leben gerufen, scheinen die Sakhībhāvas gehört zu haben, deren männliche Mitglieder die ihren Glauben so stark färbende Brautmystik regelrecht inszenierten, indem sie sich als Rādhā kleideten und deren Verhalten annahmen.

Die Tradition der Saṃpradāyas besaß im indischen Mittelalter den Status der viṣṇuistischen Orthodoxie, an deren Rändern sich alle anderen religiösen Gruppierungen derselben und ähnlicher Coleur situiert fanden. Die Geschichte vieler Bhakti-Sekten nach dem Tode ihres Gründers ist durch ein Bemühen um Ein- oder Angliederung in einen der vier Saṃpradāyas gekennzeichnet. Die Marginalität der Bhakti-Sekten war nicht zuletzt Folge der einfachen Herkunft vieler ihrer Gründer und deren großer Vorbehalte gegen das Kastenwesen, das sich als weitgehend resistent auch gegen Neuerungen der Bhakti-Heiligen erweisen sollte.

Mit dem zehnten Jahrhundert war die Bhakti-Verehrung zur entscheidenden Komponente nahezu aller hinduistischen Religionen geworden. Unter dem Einfluß des Nāth-Kultes (s. S. 77–78) und der islamischen Ṣūfī-Orden – mit ihrer Betonung der Übung strenger Selbstdisziplin und des Verzichts auf alle selbstsüchtigen Wünsche um der reinen Liebe Gottes willen und der Bedeutung der (von Tanz und Musik begleiteten) Anrufung Gottes (*ẕikr*) und der Ablehnung von Bilderkult und Ritual – wurden Teile ihrer viṣṇuitischen Tradition seit dem 13. Jahrhundert in die Sant-Bewegung, die Bewegung der »Heiligen«, umgebildet. Deren beide Zweige, der Vārkarī Panth Maharashtras und der nordindische Sant des Panjab, Rajasthans und des zentralen Nordindiens teilen trotz großer Unterschiede die religiöse Praxis (*sādhana*). Anders als der Sant Maharashtras ist der Nordindiens eine – weithin heterogene – Tradition vieler verschiedener Sekten, die ihre je eigene Geschichte haben, an deren Beginn jeweils ein charismatischer Gründer steht, der zumeist der unteren Schicht der Gesellschaft entstammte. Propagierten die Maharashtra-Sants eine strikt personalisierte Gottesvorstellung mit entsprechend konzipierten Formen der Verehrung, feierten die Sants Nordindiens ihren Gott als jenseits aller Qualifikationen (*nirguṇa*), wie Zeit, Form und Benennbarkeit, und damit jenseits aller Beschreibbarkeit: Ihr Gott läßt sich im Sinne einer *theologia negativa* am besten mit Hilfe dessen fassen, was er nicht ist. Erfahrbar ist er nur im Innern, wo er, eins mit der Seele, anwesend ist, und nur dann, wenn der Gottsuchende von diesem dazu begnadet ist. Folglich wurden auch die traditionellen Formen der Gottesverehrung weithin aufgegeben (oder wenigstens umgewertet) und durch einen nichtmateriellen Kult ersetzt, in dessen Zentrum der Name Gottes stand.

Nach eigenem Bekunden waren die frühesten Sants der nordindischen Tradition – Pīpā, Raidās, Kabīr – allesamt Schüler des Rāmānanda, der selbst wiederum in direkter Linie mit Rāmānuja gestanden, sich mit dessen Schule allerdings überworfen und eine eigene Sekte, die der Rāmānandins, gegründet haben soll. Diese Sicht der Ursprünge der eigenen Tradition beruht zwar auf bloßer Fiktion (s. S. 79). Wie sich diese allerdings tatsächlich gestalteten, ist nicht bekannt, ebenso wenig, wer sich hinter den Namen der ältesten Vertreter verbirgt, die immer wieder genannt werden und deren Lieder auch teils in den Ādi Granth, die 1604 von Gurū Arjun Dev kompilierte Sammlung der heiligen Texte der Sikhs, aufgenommen wurden. Erst mit Kabīr, dem bedeutendsten Vertreter des nördlichen Sant, betreten wir festeren Boden. In einer Familie von Baumwollwebern in der Gegend von Benares um 1400 geboren, gehörte seine Kaste mit zu einer breiten Schicht von Handwerkern, die im ausgehenden 14. Jahrhundert zum Islam konvertiert waren. Gleichwohl war Kabīrs Kenntnis dieser Religion eher oberflächlich. In eindringlicher Einfachheit sang er von Gott, der Hindus und Muslims gemeinsam ist und den er Allah oder Rām nannte – nicht Name, sondern Chiffre für einen unbenenn- und unvorstellbaren Gott. Entscheidend beeinflußt war er vom Nāth-Yoga (s. S. 77), dessen Lehre er aber umzuwerten suchte, indem er sie im Sinne seiner mystischen, rein innerlich vollzogenen Frömmigkeit umdeutete. Jeder nach außen getätigten Religiosität abhold, mahnte er in einer äußerst kraftvollen Sprache reines Leben und meditative Versenkung an, um durch die Gnade des einen Gottes zur Erlösung geführt zu werden.

Auch Raidās, etwa in der Mitte des 15. Jahrhunderts in Benares geboren, entstammte einer Kaste von Unberührbaren. Er soll mit Gurū Nānak, in dessen Nachfolge die Glaubensgemeinschaft der Sikhs steht, zusammengetroffen sein, und Mīrā Bāī, eine Kṛṣṇa-Poetin aus königlicher Familie, soll – auch dies eine Folge des Versuchs, eine Art Familie von Bhakti-Heiligen zu schaffen – den weiten Weg von Rajasthan nach Benares gemacht haben, um von Raidās initiiert zu werden. Besondere Betonung findet in seinen Texten das Mitleid als die vorzüglichste aller Eigenschaften Gottes, die er, wie etliche andere Sants auch, mit der Erzählung von Prahlāda veranschaulichte: Dessen Vater Hiraṇyakaśipu wurde von Narasiṃha, der löwengestaltigen Inkarnation Viṣṇus (s. S. 54–55), getötet, weil er seinem Sohn Prahlāda, der Viṣṇu trotz seines Verbotes hingebungsvoll verehrte, nach dem Leben trachtete.

Raidās und Pīpā, insbesondere aber Kabīr ist der in der zweiten Hälfte des 16. Jahrhunderts lebende Dādū stark verpflichtet, der wie sie die Belanglosigkeit der Kastenzugehörigkeit des Gott Verehrenden betonte, da Gott in allen Menschen wohne und diese deshalb alle gleich rein seien. Es waren seine Schüler, die bald nach seinem Tode eine Sekte, den Dādūpanth, formten. Das Bestreben, die Sekte auch in Gegenden außerhalb ihres Kernlandes Rajasthan anzusiedeln, führte zu ihrer Aufgliederung in die beiden Zweige des Khālsā und des Uttarādhā. Ersterer ist eng mit Naraina verbunden, einer Stadt im Jaipur-Distrikt Rajasthans, in der Dādū den letzten Teil seines Lebens verbrachte. Besondere Berühmtheit erlangte der Dādūpanth dadurch, daß er einen bewaffneten Arm besitzt, dessen Angehörige – wie alle militanten Gruppierungen des Vaiṣṇava-Milieus – Vairāgīs oder auch Nāgās genannt werden. Diese militarisierten Asketengruppen hatten sich im 16. Jahrhundert in Zuge der Auseinandersetzung mit den muslimischen Fakiren gebildet. Sie waren monastisch strikt organisiert, um sie scharte sich jedoch in unruhigen Zeiten ein Umfeld von Dieben und Marodeuren. Im 18. Jahrhundert waren es vor allem die śivaitischen Daśanāmī Saṃnyāsins, ebenfalls Nāgā genannt – angeblich vom berühmten Vedānta-Philosophen Śaṅkara im ausgehenden achten Jahrhundert ins Leben gerufen –, mit denen um die wirtschaftlichen Ressourcen der Pilgerorte bitter gekämpft wurde. Mit Beginn der Kolonialzeit wurden die militärischen Orden in die Armeen der Fürstentümer integriert und in der Verwaltung eingesetzt. Heute treten ihre Mitglieder, auch die des Dādūpanths, in erster Linie bei den großen Asketentreffen anläßlich der Melās auf.

Wie so vieles in der indischen Religionsgeschichte liegen auch die Anfänge des Nāth-Yoga weitgehend im Dunkeln. Er zählt zu den vielen tantrischen Traditionen, die im zehnten Jahrhundert im Norden Indiens entstanden sind, und übte philosophisch und terminologisch großen Einfluß auf die Sant-Bewegung aus. Seine Anhänger jedenfalls führen ihre Lehre auf Gorakhnāth zurück, der irgendwann zwischen dem zehnten und dem dreizehnten Jahrhundert gelebt hat. Ziel dieses Yoga (s. S. 127) ist die Vervollkommnung des Körpers, um in und mit diesem während des gegenwärtigen Daseins Unsterblichkeit zu erlangen. Den Körper seinem natürlichen Verfall zu entheben, leisten strengste Selbstdisziplinierung, Übungen zur körperlichen Reinheit und Reinigung und Techniken zur Verhinderung der Verbrennung des an der Fontanelle sitzenden Unsterblichkeitselexiers, die das Hinwelken des Körpers verursacht. Die von den Nāth-Yogins verfolgte Verwirklichung des uraltes Menschheitstraumes der Unsterblichkeit bei gleichzeitiger körperlicher Unversehrtheit und ihr Ruf als Besitzer magischer Kräfte, die sie durch ihre Yoga-Praktiken erwarben und die sie in Nähe zur indischen Alchemie treten ließen, verschaffte ihnen große Popularität. Dadurch fanden Vorstellungen und Sprache des Tantrismus weite Verbreitung unter den Massen.

Die Rāma-Verehrung

Es wurde bereits kurz erwähnt, daß der Aufstieg Rāmas von einer reinen Heldenfigur zu einer Gottesgestalt im Kontext der Vorstellung der »Herabstiege« Viṣṇus erfolgte: Wurde der tugendhafte Rāma zunächst lediglich mit Viṣṇu verglichen, galt er schließlich als dessen Avatāra, der erschienen ist, um den Dämon Rāvaṇa zu töten, der den Bestand der Welt und selbst die Götter bedrohte. Diese neue Konzeptualisierung Rāmas erfolgte kurz nach der Zeitwende und gliederte die Rāma-Verehrung endgültig in den Viṣṇuismus ein, innerhalb dessen sie jedoch immer große Eigenständigkeit bewahrte. Doch trotz der großen Popularität, die Rāma, seine ihm in bedingungsloser Liebe verbundene Gattin Sītā, sein ergebener Bruder Lakṣmaṇa und sein so treuer Diener Hanuman genossen und die besonders während der Gupta-Zeit greifbar ist, sollte geraume Zeit vergehen, ehe sich eine eigenständige Verehrung Rāmas und der Seinen etabliert hatte. Nach allem, was wir wissen, geschah dies nicht vor dem zehnten Jahrhundert und scheint vor allem im Zusammenhang mit der muslimischen Eroberung des Nordens Indiens zu stehen. Doch erst seit dem zwölften Jahrhundert hatte die Rāma-Verehrung solche Bedeutung gewonnen, daß zu ihrem Zwecke Tempel und andere Heiligtümer errichtet und Bildnisse gefertigt wurden. Einer der ältesten Tempel steht in Ayodhyā, wo Rāma geboren worden sein soll und das durch die erschütternden Ereignisse des Jahres 1992 traurige Berühmtheit erlangt hat: Damals zerstörte ein Mob radikalisierter Hindus die Babri-Moschee, die Babur, der Begründer der Mogul-Dynastie (s. S. 16), 1528 an der Geburtsstätte Rāmas auf den Trümmern eines Tempels, der die Geburt dieser Inkarnation Viṣṇus feierte, errichtet haben soll. Besonders die Bedeutung, die die Bhakti-Religiosität innerhalb des Hinduismus seit dem zwölften Jahrhundert gewann und in der dem Kult des Namens Gottes solches Gewicht zukam, trug zur weiten Verbreitung der Rāma-Verehrung maßgeblich bei. Durch die Vorstellung des *Rām-Rājya*, der in allem vollkommenen »Königsherrschaft Rāmas«, hatte sie eine dezidiert politische Dimension und bildete auch dadurch ein deutliches Gegengewicht zu der teilweise stark emotionalisierten und ausgesprochenen erotisch gefärbten Kṛṣṇa-Verehrung.

Daß die Rāma-Verehrung zu einer regelrechten Massenbewegung wurde, scheint der Ausbildung spezifischer Rāma-Sekten eher hindernd im Wege gestanden zu haben. Und auch eine Rāma-Theologie entwickelte sich nur ansatzweise. Wirklich greifbar ist eine solche erstmals im Adhyātmā-Rāmāyaṇa, einem im Umfeld der Rāmānandins im 15. Jahrhundert entstandenen Text. Und dieser Asketenorden ist denn auch eine der wenigen eigentlichen Rāma-Sekten. Große Zweifel bleiben, ob Rāmānanda – wenn er denn überhaupt eine historische Person ist – ihr Gründer ist. Ungleich wahrscheinlicher ist, daß, da die Anfänge dieser Sekte ganz im Dunkeln lagen, diese retrospektiv eine Gründungslegende entwarf, die Rāmānanda als Stifter ersann. Jedenfalls sind von ihm keine Texte erhalten, und zentrales

Werk der Rāmānandins ist das Rāmcaritmānas des Tulsīdās, einer stark von genanntem Adhyātmā-Rāmāyaṇa beeinflußten Adaption des Rāmāyaṇa, verfaßt in einer dem Hindi verwandten Volkssprache und gegen 1580 fertiggestellt. Bis auf den heutigen Tag ist dies der wichtigste Text der Rāma-Gläubigen. Und die allermeisten kennen ihn – oder doch große Teile davon – auswendig, wird er ihnen doch jedes Jahr während der Rām-Līlās zu Gehör gebracht (s. S. 30–31).

Der Śivaismus

Die Darstellung des Śivaismus kann und muß deutlich kürzer ausfallen als die des Viṣṇuismus. Denn er ist wesentlich weniger organisiert und strukturiert als seine Schwesterreligion, so daß uns eine weitaus kleinere Zahl von Sekten mit deutlich faßbarem Gepräge – zumal mit eigenen Texten – entgegentritt. Dies zeigt sich auch im äußeren Merkmal der Śivaiten. Ihr Stirnzeichen, das aus drei konkaven, horizontal übereinander liegenden Linien gebildete Tripuṇḍra, weist, wenn überhaupt, nur leichte Variationen auf, und auch diese sind nicht sektenspezifisch.

Der Gott Śiva

Geraume Zeit nach der Bhagavadgītā und in deutlicher Abhängigkeit von ihr wurde mit der Śvetāśvatara-Upaniṣad ein Text verfaßt, der für den sich formierenden Śivaismus eine ähnliche Rolle spielte wie die Gītā für den Viṣṇuismus. Denn in ihm artikulierte sich zum ersten Mal eine Śiva-Theologie. Bemerkenswert ist, daß auch für diese eine Schule des schwarzen Yajurveda verantwortlich zeichnete. Von den Gruppierungen dieses Veda war der Gott Rudra, aus dem der nachmalige Śiva hervorgehen sollte, seit jeher kultisch verehrt worden. Ausdruck fand dies insbesondere in einem hymnenartigen Preislied der Yajurveda-Texte, dem Śatarudrīya, in dem die verschiedenen Formen, in denen der Gott in den Welten zu erscheinen pflegt – etwas über hundert, daher sein Name, der »100 Rudras geltende Lobpreis« –, aufgelistet werden. Wenn dabei der Gott um Gnade und Hilfe angefleht wird, ist es vornehmlich er selbst in seinen zahllosen furcht- und grauenerregenden Erscheinungsformen und seine unheimliche Gefolgschaft, vor denen Schutz gesucht wird: Der Tenor des Hymnus ist der einer tiefen und lähmenden Furcht vor dem Zorn des Unberechenbaren, den es zu besänftigen gilt. So nennt man ihn auch euphemistisch Śiva, den »Gnädigen«. Und diese ins Positive gewendete Prädikation ist der Name, unter dem Rudra in Zukunft firmieren sollte. Der Gottesname änderte sich, doch die Ambivalenz der Gottesgestalt blieb. Und diese scheint im Kern Erbe vedischer und gar indogermanischer Zeit zu sein. Denn Rudra ist der Seuchen- und Heilgott des ṛgvedischen Pantheons, verwandt dem griechischen Apollon. Und wie andere Götter dieses Typs kennzeichnet auch ihn eine typische Doppelwertigkeit: Vom Himmel, wo dieser herrlich anzuschauende Gott seinen Wohnsitz hat, tötet er seine Opfer – Menschen, Rinder und Pferde – mit Pfeil und Bogen und anderen Fernwaffen und sendet aus weiter Ferne Seuchen, die zu heilen nur er imstande ist, was er insbesondere dann tut, wenn sein unberechenbarer Zorn durch Lied und Lobpreis besänftigt wird. Offenbar durch die Verschmelzung mit Göttern der vorvedischen indigenen Bevölkerung Indiens, die die gleichen oder doch ähnliche Funktionen zu erfüllen hatten wie er, änderte sich Rudras Gestalt noch in frühvedischer Zeit grundlegend. Ergebnis war ein finsterer, schrecklich anzuschauender, grauenerregender Gott, ein gefürchteter Jäger, der in den Bergen und der Wildnis haust und dessen Gefolge gespenstische und dämonische Wesen bilden – der Gott des Śatarudrīya. Mit der dort ausgebreiteten Vielnamigkeit korrespondiert die Vorstellung seines massenhaften Auftretens an allen möglichen Orten, besonders solchen schlechten Leumunds. Dies sowie seine ausgeprägte Ambivalenz ließen ihn in enge Beziehung zu Agni, dem Gott des Feuers, treten: Auch er tritt als ein Wesen *und* in einer unüberschaubaren Vielzahl auf, auch er gereicht zum Heil *und* zur Vernichtung. Über Agni wurde Śiva wieder an das vedische Pantheon gebunden, von dem er sich für Zeiten deutlich entfernt hatte. Und in eben dieser »Mischgestalt« zeigt die Śvetāśvatara-Upaniṣad den Gott, der von ihr als der Eine gefeiert wird, als der Herr über die Seelen, die als sein Vieh bezeichnet werden (*Paśupati*), als der Zauberer, der diese Welt durch seine besondere Kraft geschaffen hat. Theologisch verfeinert erscheint Rudra in dieser Upaniṣad mit einem etwas anderen Gesicht als im Śatarudrīya. Gleichwohl schimmert auch hier überall der Schrecken durch, den dieser Gott zu verbreiten imstande ist. Und diesen wilden, kriegerischen, zerstörerischen Aspekt behielt Rudra-Śiva in jedweder Ausprägung des Śivaismus bei, besonders aber im kontrastiven Zusammenspiel mit Viṣṇu. Im Mythos war dieser Wesenszug auf die Vernichtung der Götterfeinde gelenkt worden und bot in der Folge einen wichtigen Ansatz für die Zuwendung von Kriegerkasten, die in dem die Feinde besiegenden Gott ein nachzueiferndes Vorbild für ihren Stand sahen. In der śivaitischen Mythologie wird wiederholt deutlich, daß Śiva einen Teil seines Wesens vom vedischen Kampfesgott Indra übernommen hat. Und so ist der sich formierende Śivaismus eines der Auffangbecken, in das die alte Indra-Religion einmündet (s. S. 111–112).

Die śivaitischen Religionen

Zwar verehren alle Śivaiten Gott Śiva in einer seiner vielen Formen. Doch ist strikt genommen der Name *Śaiva*, »Śivait«, nur auf jemanden anwendbar, der den Anleitungen eines Textes folgt, der als von Śiva selbst gelehrt gilt, und der formal in eines der śivaitischen Systeme des Ati- und des Mantramārga initiiert ist, was sich hier ganz ähnlich wie im Viṣṇuismus gestaltet (s. S. 59). Derjenige, der Śiva nach den Regeln und Grundsätzen der brahmanischen Werteordnung verehrt und auch sein eigenes Leben nach dieser gestaltet, ein Smārta also (s. S. 8), wird demgegenüber als *Māheśvara* bezeichnet. Seine Religion ist die des episch-purāṇischen Śivaismus und des Śivadharma-Korpus, also jener Ausprägungen dieser Religion, die im wesentlichen im Einklang mit dem Veda stehen und von denen die des Śaiva als heterodox eingestuft wird. Anders als der Śaiva strebt der Māheśvara nach seinem Tode ein Eingehen in Śivas himmlische Welt an, was allerdings nicht Befreiung aus der Kette der Wiedergeburten bedeutet, aber in der Folge, d. h. nach dem Ende des himmlischen Aufenthaltes, zu günstigen Existenzformen führt.

Der Gott des Atimārga ist Śiva in seiner Gestalt als Rudra. Aus den Konzeptionen und Institutionen, die sich auf diese Gottesgestalt gründen, scheinen sich die des Mantramārga entwickelt zu haben. Trotz vieler Gemeinsamkeiten unterscheiden sich beide »Pfade« grundsätzlich in ihrem Ziel. Während der Atimārga ausschließlich die Befreiung aus der Kette der Wiedergeburten anstrebt, verfolgt der Mantramārga den Erwerb übernatürlicher Kräfte und Teilhabe an übermenschlichen Freuden in Welten eigener Wahl (*bhoga*). Festgehalten werden aber muß, daß inschriftliche Zeugnisse das Bild, das die erhaltenen Atimārga-Texte vom Verhältnis zur Welt und weltlichen Institutionen malen, Lügen strafen. Denn dort ist von sehr ähnlichen Zielen wie denen des Mantramārga die Rede.

Von nur drei Gruppierungen des Atimārga – den Pāśupatas, den Lākulas und den Kāpalikas, letztere auch Somasiddhāntin Pāśupatas genannt – sind Texte erhalten, und auch dies in nicht allzu großer Anzahl.

Die Pāśupatas

Verschiedene Indizien deuten darauf hin, daß die Pāśupata-Tradition in einem Umfeld (und dies wohl in Gujarat) entstanden ist, aus dem auch die Śvetāśvatara-Upaniṣad hervorging. So deckt sich etwa die Gotteskonzeption des frühen Pāśupata in allen wesentlichen Punkten mit derjenigen dieser Upaniṣad. Denn der hier verherrlichte Gott ist Rudra, und zwar im wesentlichen der des Śatarudrīya. Es wird kein wohlwollender, gnädiger Gott verehrt, sondern ein gefürchteter waffenstrotzender Krieger, ein schrecklicher Jäger, der als *Paśupati*, als »Herr des Viehs«, mit Willkür über die Geschöpfe herrscht und dessen Macht so groß ist, daß er selbst auf den Wirkmechanismus des Karmas keinerlei Rücksicht zu nehmen hat: Erlösung aus dem Saṃsāra ist (einzig) eine Frage seiner Gnade. Was das frühe Pāśupāta jedoch in besonderem Maße auszeichnete und wofür diese Gruppierung auch notorisch bekannt war, sind höchst merkwürdige Verhaltensweisen, wie sie der Grundtext des Systems dem Pāśupata-Asketen vorschreibt. Danach soll »er ungehörig handeln«, »ungehörig sprechen«, »ohne Begleitung in der Welt wie ein Verrückter umherziehen«, dies auch »wie ein Ausgestoßener«, »er soll schnarchen, zittern, humpeln, den Verliebten spielen«. Das »Vortäuschen« solch anstößigen Verhaltens ist dem Pāśupata-Asketen als eine der Stufen seines Heilsweges vorgeschrieben. Es dient der Provozierung von Beschimpfungen und Beleidigungen und ist eine Form der **Askese**. →S. 97 Besondere Bedeutung kommt ihm zu, da es den Austausch von gutem und schlechtem Karma zwischen dem Asketen und demjenigen, der ihn zu Unrecht verhöhnt, bewirkt. Und dieser Austausch bringt den Asketen, der nach Erlösung strebt, auf seinem Heilsweg voran, der schließlich zum »Ende des Leids«, der endgültigen Erlösung aus dem Saṃsāra, führt, die darin besteht, Rudras Nähe erlangt zu haben, in der der Erlöste für immer verbleibt.

Die Lākulas

Die zweite Gruppierung des Atimārga, das Lākula, entwickelte sich als südindischer Abkömmling aus dem nordindischen Pāśupata. Obwohl die Lākulas die Grundlehren des Pāśupata, niedergelegt in dessen Sūtra, anerkannten, war ihr Verhältnis zur Gesellschaft und ihren Institutionen in deutlich höherem Maße das von Außenseitern und Aussteigern als das der Pāśupatas. Vorbild war ihnen Rudra in seiner schrecklichen Gestalt des Bhairava. Sichtbaren Ausdruck fand dies in ihrem Aussehen und ihrer Ausstattung, unter denen eine Almosenschale aus einem Schädel und eine Halskette aus den Knochen eines Menschen sowie sechs Insignien besonders hervortreten. Zu den Lākulas gehörten als Untergruppe die Kālāmukhas, die in zahlreichen südindischen Inschriften zwischen dem 9. und dem 13. Jahrhundert greifbar sind. Obwohl ihre Praktiken noch extremer als die der Lākulas gewesen zu sein scheinen – sie sollen Asche von Leichenverbrennungsstellen aufgelegt und gar gegessen oder Rudra in einem mit Alkohol gefüllten Gefäß verehrt haben –, genossen sie königliche Förderung vor allem durch die Dynastie der westlichen Cālukyas von Kalyāṇa, von denen ihnen zahlreiche Tempel und Klöster gestiftet wurden. Mit dem Machtverlust dieser Dynastie und dem Erstarken der Vīraśaivas schwand auch die Bedeutung der Kālāmukhas. Seit dem zwölften Jahrhundert scheinen ihre Klöster von den Vīraśaivas übernommen worden zu sein, was zu einem abrupten Ende des Kālāmukha-Śivaismus führte.

Die Vīraśaivas

Die Vīraśaiva-Sekte, bekannter unter dem Namen Liṅgāyat, wurde im zwölften Jahrhundert im Dekhan von Basava gegründet, einem Brahmanen, der zu dieser Zeit am Hofe des Kalacuri-Königs Bijjaḷa lebte. Anders als die Kālāmukhas legten die Liṅgāyats mehr Wert auf Devotion und lauteren Lebenswandel denn auf Askese. Und Pilgerfahrten, Tempelkult und Idolverehrung wurden von ihnen rundweg abgelehnt. Ausgenommen blieb die Adoration eines kleinen am Körper getragenen Liṅga (s. S. 27), daher ihr Name Liṅgāyat, »Träger des Liṅga«. Strikt abgelehnt wurde auch das Kastenwesen und die Ungleichstellung der Geschlechter, Grundpfeiler des brahmanischen Gesellschaftskonstruktes. Auch bestatteten sie ihre Toten in der Erde und verbrannten sie nicht, wie sonst üblich (s. S. 41). Damit verbunden ist, daß sie keine Phase der Unreinheit der Hinterbliebenen und keine Ahnenrituale kennen. Hintergrund ist, daß die Vīraśaivas, genauso wie die Saṃnyāsins, Riten generell ohne äußeres Feuer vollziehen – deshalb keine Kremation – und daß sie der Überzeugung sind, durch die Initiation in ihren Glauben ihre letzte Wiedergeburt erlangt zu haben, nach der sie, so sie sich nicht gröbster Verstöße schuldig gemacht haben, erlöst beim Tode in Śiva eingehen – auch deshalb keine Phase der Unreinheit und keine Ahnenrituale. Von entscheidender Bedeutung für die Entwicklung des Vīraśaiva war, daß diese Form des Śivaismus von 1350 bis 1610 von den Herrschern von Mysore zur Staatsreligion gemacht wurde. Und so besteht diese śivaitische Gruppierung bis heute fort, vornehmlich in Karnataka im nördlichen Südindien.

Die Kāpālikas

Die dritte Gruppierung des Atimārga, die wir kennen, die Kāpālikas, eine Untergruppe der Pāśupatas, scheint im Dekhan oder dem nördlichen Teil Südindiens im sechsten Jahrhundert entstanden zu sein. Im 14. Jahrhundert stirbt sie aus, aufgesogen von den Aghoris, einer notorisch mit Nekrophagie und anderen extremen Praktiken in Verbindung gebrachten asketischen Gruppierung, die sich selbst allerdings auf den im 18. Jahrhundert lebenden Kina Rām zurückführt und heute noch in kleiner Zahl vor allem in Benares heimisch ist. Wie die Lākula-Asketen schmückten die Kāpālikas ihren Asketenstab mit einem Totenschädel, und einen solchen Schädel verwendeten sie auch als Almosenschale. Durch Kontakt mit der von ihnen verehrten furchtgebietenden Form Śivas als Bhairava versuchten sie, sich deren Kräfte anzueignen. Dies geschah, indem der Kāpālika durch das Opfern einer Mischung unreinster Substanzen – Menstrualblut und Samen, gewonnen im kultischen Beischlaf – und durch Rezitation bestimmter Mantras diese Gottheit zur Epiphanie zu bewegen suchte. War dies gelungen, stellte er sie durch eine Darreichung seines eigenen Blutes zufrieden und eignete sich ihre göttlichen Kräfte an. Dadurch gestaltete er jenseits aller brahmanischen Normen und Gebote einen Kult, der das Unreine – insbesondere Samen, Menstrualblut, Urin, Fäzes und Schleim – nicht ausgrenzte, sondern ihm im Gegenteil einen festen Platz zuwies. Durch ihre Verehrung Śivas in Gestalt des Bhairava waren die Kāpālikas Vorläufer der Anhänger der Bhairava-Kultes des Mantramārga.

Ob des Zustands der Überlieferung ist uns vor allem die Entwicklung der Śiva-Theologie und des zugehörigen Rituals innerhalb des Mantramārga greifbar. Diesen bilden sehr unterschiedliche Gruppierungen des tantrischen Śivaismus, der sich gegen Mitte des ersten nachchristlichen Jahrtausends herausgebildet haben dürfte. Diese lassen sich in die beiden großen Zweige des strikt dualistischen Śaiva Siddhānta auf der einen und nichtdualistischer Systeme auf der anderen Seite einteilen. Diese monistischen Systeme lehren den Kult der Śiva-Formen des Tumburu und des Bhairava und verschiedener Manifestationen der Göttin. Neben dieser Trennung in genannte zwei Zweige kennzeichnet eine weitere Zweiteilung den Mantramārga: Die nicht dem Śaiva Siddhānta zugehörenden Gruppen unterscheiden sich darin, ob sie der Verehrung von Formen der Göttin eine zentrale oder aber keine oder nur eine untergeordnete Rolle zuweisen. Und je größer die Bedeutung weiblicher Gottheiten im Kult ist, desto weiter werden die Grenzen des Reinen überschritten. Zeitlich kann in all den Gruppierungen des Mantramārga jeweils eine Phase, die durch die Tantras an sich, von einer Phase, die durch systematisierende Kommentare dazu gekennzeichnet ist, unterschieden werden. Letztere hebt im Śaiva Siddhānta mit dem frühen achten Jahrhundert an, in den anderen Traditionen etwa ein Jahrhundert später.

Das Śaiva Siddhānta

Aus zeitlich unbestimmten und textlich anonymen Anfängen entfaltet sich die Tradition des Śaiva Siddhānta. Inschriften zeigen, daß dies zu Beginn der zweiten Hälfte des ersten Jahrtausends geschah und daß es sich dabei um ein panindisches Phänomen handelte. In der

Folge sollte dieses System allerdings besonders in Kashmir im Norden Indiens und im ganzen Süden aufblühen. Das dualistische Śaiva Siddhānta lehrt, daß Śiva, Seelen – als erkennend und tätig konzipiert – und sonstige Wirklichkeit, ob geistig oder materiell, grundlegend und ewig voneinander verschieden sind. Entsprechend der Postulierung dieser drei verschiedenen ontologischen Entitäten, auch als *Pati* »Herr«, *Paśu* »Vieh« und *Pāśa* »Schlinge« oder *Mala* »Schmutz« bezeichnet, ist Gott Śiva lediglich die bewirkende Ursache des Universums. Dieses ist entstanden aus dem Weltstoff der *Māyā*, einer Subkategorie des Schmutzes, aus der neben der Urmaterie (s. S. 18) noch weitere Entitäten hervorgehen, die die lähmende Wirkung des Schmutzes wenigstens teilweise aufheben. Befreiung aus dieser Welt der Bindung bringt das Ritual, innerhalb dessen Śiva in seiner eher milden Form des Sadāśiva und ohne die weibliche Partnerin seiner Mythologie verehrt wird und das sich strikt innerhalb der auch von der nicht-tantrischen Orthopraxie anerkannten Grenzen bewegte: Die Śiva zugedachten Speisen sind ausschließlich laktovegetarisch, und die Getränke sind in jedem Falle nicht-alkoholisch. Dieses Ritual vermag, anders als bloßes Wissen, die Unwissenheit zu beseitigen, die Folge einer regelrecht physischen Verschmutzung durch eine materielle Substanz ist und die verhindert, daß die Seele ihre wahre Natur erkennt. Dadurch führt es zur Erlösung, die in einem Zustand der Allwissenheit und Allmacht besteht, der demjenigen Śivas entspricht. Gleichwohl bleiben die befreiten Seelen von Śiva, aber auch untereinander, auf immer und ewig verschieden. Insbesondere daß die Erlösung der Lehre des Śaiva Siddhānta zufolge erst im Augenblick des Todes eintritt, war der Punkt, der in den Augen der nicht-dualistischen Gruppierungen dessen Unterlegenheit begründete, lehrten diese doch, daß Befreiung noch zu Lebzeiten möglich sei.

Während das Śaiva Siddhānta in Kashmir durch das Erstarken des monistischen Śivaismus seit dem zehnten Jahrhundert entscheidend an Boden verlor, gewann es in Tamilnad ganz wesentlich an Bedeutung. Dort sog es die starke Bhakti-Tradition auf, die sich weitgehend parallel zu der des Viṣṇuismus entwickelt und sich gegen Buddhismus und Jainismus durchgesetzt hatte. Was die Āḻvars für die viṣṇuitische Bhakti, bedeuteten die Nāyaṉmārs für die śivaitische Bhakti. Diese zwischen dem sechsten und dem neunten Jahrhundert wirkenden Mystiker, traditionell 63 an der Zahl und aus allen Schichten der südindischen Gesellschaft stammend, griffen Elemente der frühen Tamil-Religiosität auf – eine intensive und unmittelbare persönliche Beziehung zu Gott, die bis zur Besessenheit reicht, sowie ein starkes Gefühl für Land und Landschaft – und schufen mit deren Hilfe hochemotionale Hymnen zum Lobe Śivas in einer seiner vielen Ikonen, die die Tempel Südindiens beherbergen. Wie die Āḻvars bedienten sie sich dafür des Tamil, der Landessprache des äußersten Südens Indiens. Gesammelt sind diese im Tirumuṟai, einem Werk, das zwölf Gedichtsammlungen umfaßt. Neben dieser Hymnensammlung – sowie des Veda – sind es 28 Āgamas und Texte, die sich an diese anschließen, die als verbindlich erachtet werden. Während der Kult des frühen panindischen Systems nicht auf den Tempel ausgerichtet war, sollte sich dies im Süden grundlegend ändern.

Mit ihrer Verehrung Bhairavas stehen die Kāpālikas an der Grenzscheide von Ati- und Mantramārga. Aus dem breiten Spektrum von Gruppierungen, zu denen auch die Kāpālikas zählen, schälten sich seit dem sechsten Jahrhundert einige, trotz vieler Gemeinsamkeiten deutlich unterschiedliche Traditionen heraus, die ungeachtet ihrer Ursprünge eine Einpassung wesentlicher Bestandteile der brahmanischen Religion erreichten und die deshalb Zulauf – auch und vor allem – von verheirateten Mitgliedern der Gesellschaft erhielten. Zusammen bilden diese Traditionen den zweiten Hauptarm des Mantramārga, den mehrere deutlich geschiedene Zweige bilden, von denen im Folgenden die wichtigsten kurz vorgestellt seien.

Das Dakṣiṇaśaiva

Im Dakṣiṇaśaiva-Kult wird mit Svacchanda-Bhairava ein Gott verehrt, der zwar nicht die milden Züge des Sadāśiva des Śaiva Siddhānta trägt – weshalb er euphemistisch auch Aghora genannt wird –, der aber weit weniger furchterregend ist als die Götter anderer aus der Kāpālika-Tradition hervorgegangener Gruppierungen des Mantramārga.

Verehrung genießt aber auch seine Partnerin Aghoreśvarī als Personifikation seiner Śakti. Im ganzen innerhalb orthopraxer Grenzen verbleibend, zielte das Ritual – eine eigene theologische Position wurde erst zu Beginn des elften Jahrhunderts entwickelt – auf Schutz, Exorzimus und die Erlangung bestimmter Wünsche und konnte sich als eine sehr wichtige śivaitische Tradition in Kashmir, Nepal und Südindien etablieren und in manchen Gegenden auch bis in die Gegenwart behaupten.

Das Vāmaśaiva und Yāmala

Im Vāmaśaiva-Kult, einem weiteren Zweig des Mantramārga, von dessen einst umfangreicher Literaur lediglich das Vīṇāśikha erhalten ist, wird Śiva in seiner Gestalt des Tumburu zusammen mit einer Reihe von Göttinnen verehrt, von denen vier als seine Schwestern gelten. Und sie sind es, die – anders als Tumburu – im Zentrum der Verehrung stehen, weshalb sich das Ritual deutlich dem Esoterismus der Śākta-Traditionen nähert.

Dies gilt in noch höherem Maße für die folgende Tradition. Denn in dem deutlich śāktisch geprägten Yāmala-Kult des Kapālīśa, des »Herrn der Totenschädel Tragenden«, und seiner Gefährtin Caṇḍā Kāpālinī, der dritten der an dieser Stelle zu nennenden Traditionen des Mantramārga, einer Untergruppe des Vidyāpīṭha, spielt der ritualisierte Geschlechtsakt des Initiierten mit einer als *Dūtī* »Botin« oder *Śakti* »Kraft« bezeichneten Partnerin – oftmals eine Frau aus einer unreinen Kaste – eine zentrale Rolle.

Das Trika

Die vierte Untergruppierung dieses Armes des Mantramārga, der Trika-Kult der Göttinnen Parā, Parāparā und Aparā – daher sein Name »Dreiheit« –, war vermutlich außerhalb Kashmirs – möglicherweise in Maharashtra – entstanden. Er erlebte dort aber seine Blüte, weshalb er fälschlicherweise fast durchgehend als »Kashmirischer Śivaismus« bezeichnet wird. In der frühen Phase (wohl noch vor 800 n. Chr.) stand die Aneignung der Kräfte der genannten Göttinnen durch ein von unreinen Substanzen gekennzeichnetes Ritual im Zentrum dieses Kults. In der Folgezeit wurden diese drei Göttinnen Kālī untergeordnet. In der Hochphase des Systems, geprägt durch das Wirken Abhinavaguptas (ca. 975–1025) und seines Schülers Kṣemarāja (ca. 1000–1050), wurde das alte Trika-Ritual überwunden und durch Streben nach Erlösung ersetzt, die durch das Gewahrwerden der eigenen Identität mit Śiva erlangt wird. In dieser theologischen Ausformulierung des Trika greift Abhinavagupta auf die Lehre der »Wiedererkennung« (*Pratyabhijñā*) zurück, die etwa 100 Jahre zuvor ebenfalls in Kashmir von Somānanda entwickelt worden war. In dieser Hochphase war neben den Kult der Göttin Kālī, maßgeblich für die Zeit vor Abhinavagupta, der der Göttin Parā getreten, die die beiden anderen Göttinnen der Frühzeit, Parāparā und Aparā, fast völlig in den Hintergrund treten ließ.

Das Kālīkula

Auch der Kālīkula-Kult der Kālasaṃkarṣaṇī, die letzte der hier genannten Mantramārga-Gruppierungen, war in Maharashtra und anderen Teilen Indiens heimisch, ehe er in Kashmir Fuß fassen konnte. Aus dieser Tradition der Kālī-Verehrung ging seinerseits der Krama-Śivaismus hervor, der besonders in Kashmir zwischen dem 9. und dem 13. Jahrhundert blühte und der das andere bedeutende śivaitische System des Landes, das bereits genannte Trika, nachhaltig beeinflußte. Von Kashmir breitete sich das Krama dann im zwölften Jahrhundert in die śivaitischen Zentren des fernen Südens aus.

Der Kaula-Śivaismus

Der Kult des Kālīkula und der einiger weiterer Göttinnen bilden die unter dem Namen Kaula-Śivaismus bekannte Śākta-Tradition, die sich innerhalb des Mantramārga deutlich abhebt. Diese Tradition hatte sich aus dem alten Kāpālika-Kult entwickelt, in dem die Verehrung weiblicher Gottheiten, allen voran der »Mütter« (s. S. 94) und der Yoginīs, die ihre Familien (*kula*) bilden, ihren Anfang genommen hatte. Im Laufe der Zeit hatte sie stark an Bedeutung gewonnen und war in genannten Kult eingedrungen. Im Kaula wird die alte Praxis des rituellen Beischlafs mit einer Partnerin (s. S. 86) beibehalten. Sie dient hier aber nicht mehr nur dem Gewinn von »Opfersubstanzen«, sondern ist auch Mittel zur Erfahrung der Wonne der Erlösung. Diese Form des Śivaismus, deren Floruit im neunten Jahrhundert begann, konnte auch im Süden und Osten Indiens Fuß fassen. Während in Südindien insbesondere der Kult der Kāmākṣi, der Göttin der Stadt Kāñcī, blühte, waren es im Osten die Mahāvidyā genannten Göttinnen, die Verehrung genossen.

Der Śāktismus

Bereits dem Pantheon der Religion des Veda gehören verschiedene weibliche Gottheiten an, wobei etliche von ihnen Göttern als deren Gattinnen beigesellt sind, während andere alleine stehen. Obwohl ihnen zur Zeit des Veda zum Teil wichtige Funktionen und Tätigkeiten zugewiesen waren und dies in der Folge noch deutlich zunahm, sind sie alle doch unverkennbar den männlichen Göttern an Bedeutung nachgeordnet. Dies sollte sich, soweit zu sehen, mit dem sechsten nach-christlichen Jahrhundert endgültig ändern. Seit dieser Zeit gewann die Konzeption einer allmächtigen Göttin an Boden, als deren Manifestationen alle anderen Göttinnen betrachtet wurden: In einem förmlichen Abstraktionsprozeß wurde aus vielen individuellen Göttinnen *die* »Göttin« gestaltet, als deren Verkörperungen nun ihrerseits diese Göttinnen betrachtet wurden und deren Namen man den ihren als Epitheta zieren ließ – ein Assoziationsprinzip, das in der Folge immer weitere Göttinnen angliederte. Anfänge einer solchen Theologie der Devī genannten »(Großen) Göttin« finden sich im Devī-Māhātmya, das sie bereits über alle Götter stellt. In der Folge führte der Glaube an die Göttin als der schöpferischen Kraft in allem Sein und letztlich als Verkörperung des ganzen Seins zur Herausbildung einer eigenständigen Religion, des Śāktismus. Dieser hatte auf andere hinduistische Religionen großen Einfluß. Insbesondere verschiedene śivaitische Gruppierungen des Mantramārga betrachteten die Göttin als eigentliche Kraft (*śakti*) hinter Śivas Wirken. Bildlichen Ausdruck erhielt diese Vorstellung in Skulpturen, die sie tanzend auf dem starr hingestreckten Körper des Gottes zeigen. Solch integrierten Śāktismus kennt auch der Viṣṇuismus, wenngleich weit weniger ausgeprägt als der Śivaismus. Der unabhängige Śāktismus konzipiert demgegenüber die Göttin als selbständig und in hohem Maße unabhängig von einem männlichen Partner. Und ähnlich wie beim Śivaismus ist zwischen volkstümlichen Formen des Śāktismus und Systemen zu unterscheiden, die eine förmliche Initiation vom Gläubigen fordern.

Wenn Aussagen über die »Große Göttin« gemacht werden, nimmt diese darin oftmals die Züge einer der wichtigen Göttinnen des Pantheons an. Ihr Bild wird dann ähnlich gezeichnet wie das der Kālī, der Durgā oder der Lakṣmī, ausgeschmückt mit Prädikaten, die ihre Vollkommenheit zu fassen suchen. Oder aber eine dieser Göttinnen wird in den Rang der »Großen Göttin« erhoben, wobei ihr Attribute beigelegt werden, die ihre Erhabenheit umschreiben. Auf beide Weisen wird die eher abstrakte Konzeption der Göttin mit Anschaulichkeit versehen.

Die Konzeption der Göttin war von hoher integrativer Kraft. Mit ihrer Hilfe wurde eine große Zahl unabhängiger Göttinnen an den sich formierenden Śāktismus an- und damit letztlich in den Hinduismus eingegliedert. Hilfreich war dabei das Konzept der Śakti, der hinter den männlichen Göttern tätigen Wirkmacht. So konnten oftmals lokale und volkstümliche Göttinnen bereits etablierten Göttern beigeordnet werden. Die »Mütter«, die eine Siebenergruppe bilden, die der Mātṛkās, sind nach denjenigen männlichen Götter benannt, aus denen sie dem Mythos zufolge als ihre Śaktis entstanden sind: Brāhmaṇī, Māheśvarī, Kaumārī, Vaiṣṇavī, Vārāhī und Indrāṇī. Trotz ihres ansprechenden Äußeren, das bekannte ikonographische Schemata wiederholt, bleibt unübersehbar, daß hinter ihnen fremde, ob ihrer Macht über Krankheit und Tod gefürchtete Wesen stehen. Und die oben noch nicht genannte Cāmuṇḍā, die siebte dieser Mütter, widersetzt sich in auffälliger Weise der Einpassung, die ihre Gefährtinnen vergleichsweise harmlos erscheinen läßt: In häßlicher Weise abgemagert und ausgedörrt, mit heraushängender Zunge und gefletschten Zähnen trampelt sie auf einem Leichnam. Auch der auf der linken Seite der Gruppe sitzende Vīrabhadra, dem Mythos zufolge aus Śivas unbändigem Zorn entstanden, stört empfindlich die – trügerische – Beschaulichkeit, die der Gruppe nicht zuletzt durch den auf ihrer rechten Seite plazierten dickbäuchigen Gaṇeśa verliehen wird.

VERTIEFUNGEN

Den Hinduismus in engerem Sinne mit der Abfassung der Bhagavadgītā beginnen zu lassen (s. S. 11–12) geschieht mit guten Gründen. Gleichwohl ist eine solche Ansetzung natürlich arbiträr, da Religionen, zumal solche ohne Stifter, nun einmal nicht zu einem klar bestimmbaren Zeitpunkt *beginnen*. Und sie geht darüber hinweg, daß zentrale Elemente des Kultes und grundlegende Vorstellungen auf eine teils beträchtliche Vorgeschichte zurückblicken, ehe sie in den von uns oben dargestellten hinduistischen Religionen faßbar werden. Ein Blick auf die Genese einiger der grundlegenden Konzeptionen des Hinduismus wird diese verständlicher machen, als dies oftmals der Fall ist. Deshalb greifen die folgenden Vertiefungen über den gesetzten Anfangspunkt zurück und zeichnen in knappen Worten die Vorgeschichte des Hinduismus und einiger seiner zentralen Vorstellungen. Dabei sollen auch verschiedene Religionen beleuchtet werden, die einst in Blüte standen, um dann im Schatten ihrer übermächtig werdenden Schwestern zu verkümmern.

Die vedische Religion

Im Verlauf des zweiten vorchristlichen Jahrtausends wanderten kriegerische Stämme aus dem Osten Irans – dort blieben die mit ihnen verwandten (späteren) Zarathustrier zurück – über den Hindukush nach Indien in das Gebiet des heutigen Panjab ein. Im Mittelpunkt der religiösen Vorstellungen dieser Viehzüchter, die sich selbst als Āryas, »Gastfreundliche«, bezeichneten, stand die kultische Verehrung von Göttern, die Glück und Wohlstand, aber auch kriegerische Überlegenheit sicherten – ihr Teil eines Vertrags mit den Menschen. Deren Leistung in diesem Bund, der Teil eines sehr komplexen Tauschsystems ist, bestand vor allem darin, die Götter mit Speise und Trank zu »bewirten«. Daß diese die Einladung zu solchen Opfermahlen annehmen und auch weiterhin zu diesen Gelagen kommen und sich den Menschen geneigt zeigen, ist – so der Glaube – nicht zuletzt den kunstvoll geformten Opferhymnen zu verdanken. Sie liegen denn auch im Ṛgveda seit frühester Zeit gesammelt vor. Den Rahmen für diese Götterbewirtungen bildeten komplexe Rituale, deren wichtigste auf die Epiphanie der geladenen Götter zielten: Herstellung – und (als Abschluß des Rituals:) Beseitigung – eines Kultplatzes, Epiklese, Kulthandlungen, die Adventus und Präsenz der Götter in Szene setzen, Bittgebete und als Höhepunkt das Opfer, die Entäußerung eines materiellen Objektes, sei es Soma – ein berauschendes Getränk, das den Göttern Unsterblichkeit sicherte –, sei es ein Tier, seien es Milchprodukte oder Vegetabilien. Neujahr, Wechsel der Jahreszeiten, Aussaat, Ernte, »Königsweihe« oder Kriegszüge waren Anlässe für den Einsatz dieser Rituale. Neben dem »öffentlichen« Kult standen die häuslichen Rituale, die von jedem *pater familias* mit seinem Hausfeuer eigenständig durchgeführt wurden. Initiation, Heirat, Geburt und Tod sind hier die Bruchstellen, die rituell zu überbrücken sind. Solche konkreten Bedürfnislagen bestimmen die Wahl der Götter, die angerufen und um Beistand gebeten werden, und die spezifische Gestalt des eingesetzten Rituals – definiert etwa durch die Art des Opfers, durch die Opfersubstanz, die Opfersprüche oder die Gestik.

Der vedische Kult ist durch die ganze Frühzeit hindurch anikonisch. Das grundsätzliche Problem eines solchen Kultes ist, seinen Bezugspunkt zugleich plausibel und verbindlich zu halten. Gelöst wird dieses Problem, indem die Götter in rituellen Epiphanien durch *Menschen* – und zwar die das Ritual verrichtenden Priester – dargestellt werden, die (in aller Regel) die Funktion des Gottes erfüllen, den sie repräsentieren. Die charakteristischen Elemente dieses anikonischen vedischen Kults – rituelle Inszenierung göttlicher Epiphanien, Bedeutung des gesprochenen Wortes, Erwerb einer himmlischen Nachtod-Existenz durch das Opfer – sollten die Entwicklung der kommenden Jahrhunderte bestimmen. Vor allem gegen die Vormachtstellung der Brahmanen, die letztlich in ihrer »Veda-Autorität« wurzelte und in einem »Opfer-Monopol« Ausdruck fand, regte sich alsbald Widerstand, der schließlich zur Formierung der nicht- / anti-vedischen »Asketenbewegung« führte, aus der – unter anderem – der Buddhismus und der Jainismus hervorgingen.

Askese und Asketenbewegung

Die Ablehnung des Opfers als wichtigstem Heilsmittel war möglich, weil ihm Alternativen seit langem seinen Rang streitig gemacht hatten. Die wichtigste von diesen war zweifelsohne die Askese. Sie ist ein Phänomen, dem wir in Indien zwar seit frühester Zeit begegnen, das jedoch als religiöse Praxis erst langsam an Bedeutung gewann. Askese dient – auch nach indischer Auffassung – der Ansammlung von Macht, von Macht, wie sie Götter und andere übernatürliche Wesen besitzen. Und das heißt in erster Linie: Macht zur Verwirklichung von Absichten. Dabei sind vor allem zwei Tatsachen von Belang. Im Grunde ist Askese eine strikt *individuelle* Angelegenheit. Wird die asketische Kraft für die Erlangung eines bestimmten Heilszieles dienlich gemacht, ist die Interferenz eines Priesters entbehrlich oder gar überflüssig. Und Askese läßt sich mit anderen Heilskonzepten kombinieren, mit dem Opfer, mit göttlicher Gnade, mit Meditation.

Askese ist gemeinhin durch Verzicht gekennzeichnet, Verzicht auf Besitz, auf Annehmlichkeiten aller Art, auf sexuelle Befriedigung, auf Nahrung, auf Schlaf. Diese Negierung elementarster Bedürfnisse richtet sich in allererster Linie gegen den Körper, der zu gleicher Zeit unabkömmliches Hilfsmittel ist, wird doch mit und in ihm asketische Kraft gesammelt und gespeichert. Damit diese nicht wieder verlorengeht, muß Askese ein ständiges Unterfangen sein. Im besonderen ist strikteste sexuelle Enthaltsamkeit zu üben. Aber auch der Verzicht auf jeglichen Besitz verweisen den Askesetreibenden wenn nicht nach außerhalb der Gesellschaft, so doch zumindest an deren Rand (s. S. 109–110).

Die Einflüsse der außervedischen Asketenbewegung auf den sich formierenden Hinduismus waren bedeutend. In besonderem Maße gilt dies für dessen Ethik. So scheint es – letztlich – diese Bewegung gewesen zu sein, die die grundsätzliche Vermeidung jeglicher Schädigung lebender Wesen, die Ahiṃsā, zur Pflicht des Menschen erhob, der sich um seine Erlösung mühte. Der daraus folgende Konflikt zwischen Ahiṃṣā und vedischem Opfer wurde vielfach durch die Opferung ausschließlich vegetabilischer (und mental visualisierter) Gaben zu lösen versucht – anknüpfend an die Norm des »Goldenen Zeitalters«. Und dies mit großem Erfolg: Auf diese Weise entwickelte sich letztlich das zentrale Moment des Kults aller hinduistischen Religionen, die Pūjā (s. S. 24). Das allmählich aufkommende Nichtverletzungsgebot hatte auch weitreichende Folgen für die Essensgewohnheiten breitester Kreise. War zunächst der Genuß von Fleisch, wenn das Tier nicht eigens für den das Fleisch Verzehrenden getötet worden war, unproblematisch, wurde mit der Zeit der Fleischgenuß, da er mit der Tötung eines Tieres in (un)mittelbarem Zusammenhang stand, als Verstoß gegen das Ahiṃsā-Gebot gebrandmarkt. Festzuhalten bleibt, daß es keinerlei Anhaltspunkte dafür gibt, daß der Vegetarismus nun gerade mit der Enthaltung von Rindfleisch begonnen hätte, seine Wurzeln also in so etwas wie einer Rinderverehrung gehabt hätte. Daß sich aber das neu aufgekommene *ahiṃsā*-Ideal und seine vegetarischen Folgen gerade an der Kuh festmachten, verwundert bei der Bedeutung dieses Tieres für die indische Bevölkerung keineswegs. Allerdings gilt noch heute, daß Kühe nicht *per se* heilig sind. Doch genießen sie unter allen Tieren einen ganz besonderen Schutz.

Die Upaniṣads

Es waren die Upaniṣads, über die die in der Asketenwegung entwickelten Konzeptionen in die brahmanische Tradition und damit in frühen Hinduismus integriert wurden. Schematisch läßt sich diese Entwicklung wie folgt darstellen:

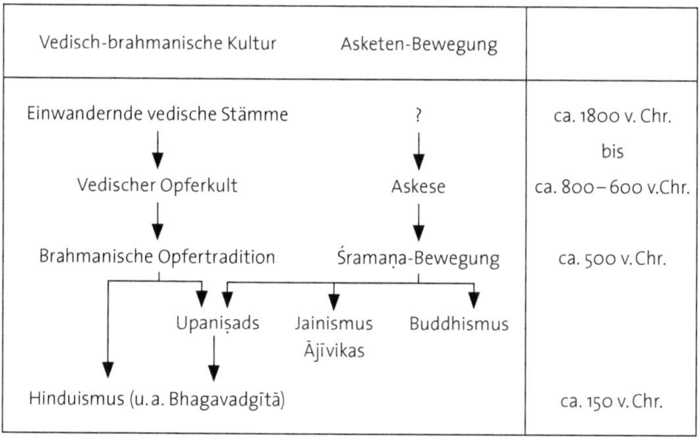

Entstanden sind die Upaniṣads, die weder als Gruppe noch als einzelner Text ein homogenes Ganzes bilden, ab dem sechsten Jahrhundert vor Christus im Norden und Osten Indiens. Diese Zeit des gesellschaftlichen und religiösen Umbruchs prägte die Fragen, um die sich die Erörterungen der upaniṣadischen Denker drehen. In den Mittelpunkt des Interesses rückte der Mensch als Individuum und sein Schicksal nach der gegenwärtigen Existenz. Die frühen Upaniṣads entwickelten verschiedene Vorstellungen zu Leben und Sterben des Menschen sowie zu seinem Schicksal nach dem Tod. Von diesen sollten die von der Wiedergeburt und von der Seelenwanderung, die Saṃsāra-Konzeption, sowie die von der mit dem Urgrund der Welt wesenseinen Seele und die der Tatvergeltung, die Karma-Lehre also, von besonderer Bedeutung für den frühen Hinduismus werden. Denn von Anbeginn an waren es für diese Religion unumstößliche Axiome, daß jeder Mensch, ja jedes Wesen eine (und *nur* eine) Seele besitze, daß das jeweilige Leben eines Wesens nicht sein erstes und – in aller Regel – auch nicht sein letztes sei und daß seine früheren Handlungen jegliche Umstände dieses Lebens und dessen Handlungen wiederum die Verhältnisse zukünftiger Leben bestimmen. Auch daß es oberstes Ziel des Menschen sei, die Befreiung aus dieser anfangs- und endlosen Kette der Wiedergeburten zu erwirken, war Gemeingut des Denkens breiter Kreise geworden und bestimmte deren Lebensführung. Es war jedoch nicht mehr das Ritual, dem hierbei die entscheidende Rolle zukam. Denn seit die um etwa 600 v. Chr. auftretenden asketischen Gruppierungen diesem eine – wenn überhaupt – ganz untergeordnete Rolle im religiösen Leben des Menschen zugewiesen hatten, waren es Askese, Meditation und durch diese erlangtes Wissen auf der einen und Gottesgnade auf der anderen Seite, die die gefesselte Seele befreien und zur Erlösung führen sollten.

Die Wiedergeburtsvorstellung und die Konzeption der *einen* Seele

Daß Indien das klassische Land der Seelenwanderungslehre ist, verzeichnet nahezu jedes Lexikon. Mag eine solche Einschätzung auch richtig sein, zählt es zu den vielen falschen Ansichten über Indien und den Hinduismus, daß diese Lehre immer schon existiert habe und jeder Entwicklung enthoben sei. Denn den älteren Teilen des Veda ist sie durchaus noch unbekannt, und ihre Genese ist ein komplexer Prozeß, der sich wohl einige Jahrhunderte hinzog. Und eine Seele, noch dazu eine einheitliche Seele, spielte dabei zunächst keinerlei Rolle, weshalb für die ältere Zeit nicht von einer *Seelen*wanderungs-, sondern von einer Wiedergeburtsvorstellung gesprochen werden sollte.

Denn was nach altem Glauben nach dem Tode wiederersteht, ist der Mensch selbst.

Bereits in jüngeren Teilen des Ṛgveda findet sich die Vorstellung, daß das Nachtodschicksal des Menschen im wesentlichen von seinen zu Lebzeiten dargebrachten Opfern abhängt: Es sind seine Opferverdienste, durch die er sich das Jenseits erwirbt, und mit ihnen trifft er dort nach seinem Tode zusammen, um von ihnen zu leben, von der Erde aus sichtbar als Stern – so eine der Vorstellungen. Deutlich also ist Postmortalität nach zentralen Vorstellungen des Kults konstruiert, leben doch auch die Götter im Himmel von den Opfergaben, die ihnen der Mensch auf der Erde darbringt. Art und Dauer des Lebens im Himmel hängen unmittelbar vom angesammelten Opferverdienst ab. Durch neue Opfer der Familie des Verstorbenen kann der Vorrat im Himmel, da er langsam verbraucht werde, aufgefüllt werden. Gleichwohl endet nach einiger Zeit dieses Dasein im Himmel, und der Verstorbene kehrt auf die Erde zurück, wo er in seiner Familie als sein »eigener« (Ur)urenkel wiedergeboren wird: Auch in Indien ist der Enkel der kleine Großvater und erhält zum Zeichen dieser »Identität« dessen Namen. Dieser Vorgang wiederholt sich immer wieder, und man stellte sich vor, der Mensch pendle zwischen Himmel und Erde. Dieses automatische Alternieren zwischen Dies- und Jenseits, das seine Plausibilität ebenfalls durch Vorstellungen des Kults gewann, wurde jedoch allmählich durch verschiedene Entwicklungen prekär und war nach allgemeiner Einschätzung unbefriedigend. So waren Zweifel an der Rechtmäßigkeit der Erlangung einer himmlischen Existenz durch die Tötung von Tieren im Opfer aufgekommen (s. S. 98). Auch fürchtete man nun deren tödliche Rache im Jenseits. Noch bedrohlicher indes war die Vorstellung, das Opferverdienst, das der Verstorbene im Himmel benötige, gehe irgendwann endgültig zur Neige. Dieses Bedenken scheint Folge eines Aufbrechens des alten Familienverbundes und einer zunehmenden Individualisierung des Menschen gewesen zu sein. Denn es war nun nicht mehr die Familie, die den Vorrat an Verdienst immer wieder durch Opfer aufzufüllen hatte, sondern der einzelne Mensch, nun auf sich selbst gestellt, war für sein eigenes Verdienst zuständig. Und es war nun auch nicht mehr die Familie, die in sich selbst wiedergeboren wurde, sondern der einzelne erlitt dieses Schicksal. War aber das Verdienst, das die himmlische Existenz möglich macht, erst einmal aufgezehrt, mußte auch das Leben im Himmel enden. Dadurch sterbe – so die Vorstellung – der Mensch nun erneut. War dieser »Wiedertod«, wie dieses Sterben genannt wurde, zunächst auf das Jenseits begrenzt, wurde er im Laufe der Zeit als eine (unerwünschte) Rückkehr auf die Erde konzipiert. Damit war die Grundvorstellung der Wiedergeburt geschaffen, die durch die inzwischen aufgekommene Kritik an der Gewalt des Opferwesens und die um sich greifenden Zweifel an der Wirksamkeit von Ritualen alsbald weite Verbreitung und große Akzeptanz fand. Und die zunächst offenbar durchaus angenehme Vorstellung, der Mensch lebe mehr als nur einmal und bewege sich durch sein rituelles Tun zwischen himmlischer und irdischer Existenz, war in das Trauma der ewigen Wiederkehr in ein als beschwerlich und unerfreulich empfundenes Dasein umgeschlagen. Verschärft wurde dieses noch dadurch, daß die ursprüngliche Begrenzung auf eine Wiedergeburt als Mensch auf andere Gattungen von Lebewesen, wie etwa Tiere und teilweise auch Pflanzen, ausgeweitet worden war, die zunächst lediglich *Durchgangsstationen* bildeten, welche der Mensch während seiner Wiedergeburten durchlaufen konnte.

War es zuerst der ganze Mensch, der das postmortale Schicksal durchlebte, wurde mit dem Aufkommen der Vorstellung der einen, einheitlichen Seele, die in jedem Wesen vorhanden ist, diese als das Prinzip, das die Kette der Wiedergeburtenkette durchläuft, bestimmt. Ausgesprochen wird dies zum ersten Mal in einem anerkanntermaßen jungen Textstück einer der alten Upaniṣads. Vermutlich geschah dies gegen 400 v. Chr. Erst jetzt also war eine Seelenwanderung konzipiert.

Entscheidend für die Weiterentwicklung der Wiedergeburtslehre war ihre strikte Ethisierung. Denn neben dem rituellen Werk, das zunächst der ausschlaggebende Faktor für die Art der erworbenen postmortalen Himmelsexistenz war, gewann das moralische Handeln zunehmend an Gewicht. Und mit der Abwertung des Rituals (s. S. 20) wurde dieses rasch zu dem Moment, das das Schicksal im Jenseits und die Daseinsform nach der Rückkehr ins Diesseits bestimmte: Das Karma ergänzte und modifizierte nun den alten Automatismus des Alternierens von irdischer und himmlischer Existenz. In den Upaniṣads wird diese Lehre des Tun-Ergehen-Zusammenhangs, präsentiert als etwas Geheimes, den Kṣatriyas, dem Stand der Adligen und Krieger, zugeschrieben. Obwohl das Wirken Buddhas, der dieser Gesellschaftsschicht entstammte, eine entschiedene Betonung der Bedeutung des moralischen gegenüber dem rituellen Karma bedeutete und deshalb vermutet wurde, die Kṣatriyas zeichnen für die Ethisierung des alten Karma-Glaubens verantwortlich, dürfte genannte Zuschreibung eine Strategie der Texte sein, ein Wissen als ein *anderes* und damit *überlegenes* zu kennzeichnen.

Mit der Ausrichtung der Wiedergeburtsvorstellung auf die eine Seele und ihrer strikten Ethisierung war die klassische Gestalt der Seelenwanderungslehre erreicht. Und diese wurde von nahezu allen hinduistischen Religionen als grundlegende Wahrheit anerkannt und bestimmt bis auf den heutigen Tag Denken und Handeln derjenigen, die sich zu diesen Religionen bekennen.

Die Lehre von der Tatvergeltung

Die Ethisierung der Wiedergeburtslehre hatte zur Folge, daß nun Art und Weise, wie sich die künftige Geburt gestaltete, von der moralischen Qualität der Handlungen eines Menschen in seiner jetzigen und in früheren Existenzen abhing: »Gut wird einer durch gute Werke, schlecht durch böse« (Bṛhadāraṇyaka-Upaniṣad III 2,13). Damit war nun der Mensch zum ersten Mal für sein eigenes Schicksal verantwortlich. Ethisch gutes Verhalten sichert ihm gute Wiedergeburt – in allererster Linie als Mensch –, und diese ermöglicht es ihm, danach zu streben, die Fessel der ewigen Wiedergeburt abzustreifen.

Eine Aufwertung erfuhr die menschliche Existenz durch den Glauben, daß es sich bei ihr um die beste bzw. einzige Existenzform handle, um Erlösung anzustreben und zu verwirklichen. Daher heißt es in vielen Texten, es sei ein seltenes Glück, als Mensch geboren zu werden: »Selbst wenn man ohne Genüsse ist, sollte man nicht niedergedrückt sein. Von allen [Existenzformen] ist die menschliche die am schwersten zu erlangende, auch wenn es nur die als Kastenloser ist« (Mahābhārata 12,286.31). In soteriologischer Hinsicht »gibt es nichts Besseres als das Dasein als Mensch« (Mahābhārata 12,288.20).

Die Religion der Epen

Mit Beginn der frühen epischen Zeit erscheinen in den sich langsam formierenden hinduistischen Religionen Elemente, die der vedischen Religion entweder völlig fremd sind oder dort nur ganz marginale Bedeutung besitzen. Soweit die beiden großen Epen des Mahābhārata und des Rāmāyaṇa, die einzigen Zeugnisse für die Verhältnisse dieser Zeit, dies erkennen lassen, war es vor allem der Kult, in dem es zu Neuerungen kam. Doch auch das Pantheon erfuhr Zuwachs. Und mit dem Sāṃkhya begann sich die Philosophie herauszukristallisieren, die den Überbau der frühen religiösen Systeme bildete (s. S. 18–19).

Die Gottheiten, die in der epischen Literatur eine Rolle spielen, sind im wesentlichen die des vedischen Pantheons, dessen alte Grundgliederung, die Trennung in Devas und Asuras, in Götter und Gegengötter, ebenfalls beibehalten wurde: Indra, der Gott des Krieges und Kampfes, der große Gegenspieler der Asuras, Agni, der Feuer-, Sūrya, der Sonnen-, und Vāyu, der Windgott, die Aśvins, die den Menschen zu Hilfe eilenden Zwillingsgötter, Yama, der Gott des Todes und der Toten, und Varuṇa, der Gott der Wasser. Es war zweifelsohne die Schicht der Kṣatriyas, für die auf Grund ihrer gesellschaftlichen Aufgaben und des damit einhergehenden hohen Berufsrisikos etliche dieser Götter von besonderer Bedeutung waren. Deutlich lassen die Epen aber auch erkennen, daß die Zeit dieser alten Gottesgestalten vorüber war. Machtvollen Aufstieg aus wenig bedeutenden vedischen Ursprüngen nehmen hingegen Viṣṇu, Kṛṣṇa und Śiva, und jüngere dem Veda noch un- oder wenig bekannte erscheinen am Horizont: Brahmā, der Schöpfer und Ordner der Welten, Skanda, der neue Kriegsgott, im Epos zuerst Agnis, später dann erst Śivas Sohn, Kubera, der Gott des Reichtums, und Kāma, der Liebesgott. Während diese Gottesgestalten alsbald an Bedeutung verlieren sollten – eine Ausnahme stellt Skanda dar, der als Murukan in Südindien zu Ehren kam –, bleibt Gaṇeśa quer durch die Geschichte des Hinduismus wichtig. Er taucht erst in ganz jungen Teilen der Epen auf, ist wenig später aber in den Purāṇas bereits ein wichtiges Mitglied des Pantheons. Und so steht dieser elephantenköpfige Beseitiger aller möglichen Hindernisse noch heute, oftmals in Gestalt einer kleinen Tonplastik, in jedem indischen Haushalt.

Bereits im Veda waren wichtigen Göttern des Pantheons Ehefrauen zugeordnet, die zumeist Namen trugen, die dies deutlich zum Ausdruck brachten. Erst mit dem Epos aber kristallisieren sich mit den Verbindungen von Viṣṇu und Śrī-Lakṣmī, Śiva und Umā-Pārvatī die Götterehen heraus, die für den Hinduismus von solch großer Bedeutung werden sollten.

Eine für die Gotteskonzeptionen des späteren Hinduismus wichtige Neuerung war die feste Zuordnung von Reittier und Gott, so wie sie die Epen für Viṣṇu und seinen Vogel Garuḍa, für Indra und seinen Elephanten Airāvata, für Brahmā und die Gans und für Skanda und den Pfau entwerfen. In den Purāṇas hören wir sodann von Śivas Bullen Nandin, von Durgās Löwen und von Gaṇeśas Ratte.

Mit den alten Göttern verloren auch ihre Mythen an Bedeutung. Als Relikte einer vergangenen Zeit wurden viele von ihnen indes treu bewahrt, und dies oftmals mit den alten Protagonisten, obwohl diese längst unwichtig geworden und vergessen worden waren. Verschiedentlich kommt es jedoch zu Übertragungen. So stammen etliche der Mythen, in denen die in epischer Zeit entwickelte Avatāra-Vorstellung des Viṣṇuismus Ausdruck findet, von Prajāpati und Indra.

Mit dem im Kern vedischen Pantheon stimmt überein, daß die alte religiöse Praxis des Opfers im Kult weiterhin eine sehr wichtige Rolle spielt. Erwirkt werden soll mit dieser Verehrung der Götter weniger das neue Heilsziel der Befreiung aus der Wiedergeburtenkette, denn eine angenehme gegenwärtige Existenz und deren Fortsetzung im himmlischen Paradies.

Gleichwohl durchzieht beide Epen die Vorstellung des Saṃsāra, der ursächlich durch das Karma bedingt ist und aus dem erlöst zu werden erstes Ziel des Menschen sein muß. Die Vorstellung der strikten und ausnahmslosen Geltung des Karma – bisweilen bis hin zu einer Vergeltung nach der *lex talionis* – hat sich aber noch bei weitem nicht durchgesetzt. Denn neben dem Karma spielen andere Faktoren als Saṃsāra-Determinanten in den Epen eine wichtige Rolle, vor allem das Schicksal. Über dessen Macht reflektieren – naturgemäß – diese Texte, die von Aufstieg, Blüte und Untergang von Königshäusern und Dynastien berichten. Schon früh kristallisiert sich dort eine dem Veda noch fremde Schicksalsvorstellung heraus, die in vielem mit der Lehre der Tatfolgen im Widerspruch steht: Nach eigenem Gesetz, nach eigener Willkür wirkt das Schicksal auf das Leben des Menschen, diesem nicht begreiflich, da er sich ihm hilflos ausgeliefert sieht. Zwei Vorstellungen, die von der Wirkkraft des Karma und die von der Gewalt des Schicksals, kollidieren, und letztere, das zeigen die Epen, wird im Lichte der erstgenannten neu konzipiert: Was als blinde Macht erscheint, ist in Wahrheit die Folge unserer eigenen guten und schlechten Taten.

Ganz ähnliche Überlegungen werden im Epos über die Zeit angestellt, in deren Macht man das unabwendbare und unerbittliche Hinschwinden, Altern und Sterben wähnte. Auch sie wurde zu einer Größe hypostasiert, deren Wirken hinter allem Weltgeschehen gedacht wurde. Eine Theorie von vier regelmäßig wiederkehrenden Weltaltern wurde entwickelt, die ältere Vorstellungen von einem goldenen Weltzeitalter und vom Untergang der Welt einbezog – ähnlich der natürlichen Segmentierung der Zeit. Diese Theorie entwirft innerhalb dieses Zeitrahmens einen Abstieg von den paradiesischen Zuständen des *aureum saeculum* hin zu den degenerierten Verhältnissen einer Epoche, die schließlich mit der Zerstörung der Welt endet. Diese Konzeption einer zyklischen Zeit sollte von nahezu allen hinduistischen Religionen übernommen werden. Gleiches gilt für die eng mit ihr verbundenen Vorstellungen der periodischen Schöpfung und Zerstörung der Welt und ebenso für das gleichfalls in epischer Zeit entworfene Schema des Baus der Welten mit dem Ausweis bestimmter Gebiete, in denen der Erwerb und Abbau von Karma und damit Erlösung möglich ist (*karmabhūmi*, s. S. 9).

Neben das Opfer treten in den Epen neuere Formen religiöser Praxis, die damit – zum Großteil wenigstens – erstmals in der Geschichte des Hinduismus deutlich faßbar werden. Denn anders als die vedischen Texte erwähnen beide Epen in ihren jungen Abschnitten unzweifelhaft Götter- und Kultbilder, Tempel und Schreine. Durch diese Neuerungen erfuhr der Kult der hinduistischen Religionen, der im Kern vedisch-brahmanischen Ursprungs ist, eine völlige Umgestaltung. Allerdings bleiben starke Vorbehalte, zumal gegen das Kultbild: »Nicht in einem Holzblock ist Gott zu finden, nicht in einem Stein und auch nicht in Tongebilden. Im Herzen weilt er« (Cāṇakya VIII 12).

Mit der Pilgerreise zu heiligen Stätten wird ein weiteres wichtiges Element, das zur religiösen Übung nahezu aller hinduistischen Religionen gehört und das auch heute noch von größter Bedeutung ist, ebenfalls erstmals in den Epen faßbar. Dort angelegt, aber erst in den Purāṇas (s. S. 123) wirklich entwickelt, sind die »Preisungen« der besonderen Vorzüge eines Pilgerortes. Diese teils umfänglichen Māhātmyas benennen das spezielle *tīrthaphala*, »die Frucht«, die durch den Besuch eines heiligen Ortes zu erwerben ist.

Bereits in den vergleichsweise wenigen Auslassungen der Epen zum Institut der Pilgerreise wird deutlich, daß diese von Anbeginn ritualisiert und immer von rituellen Akten begleitet war. Keineswegs genügt allein der Besuch eines heiligen Ortes. Zu ihm muß man auf festgeschriebenen Wegen, oft unter beträchtlicher Mühsal und asketischen Entbehrungen, gelangen. Angekommen, hat der Pilger zu fasten, zu baden, zu opfern, den Gott zu schauen und zu verehren. Ebenso deutlich wird in diesen Texten, daß die Pilgerreise mit einem bestimmten Anliegen – etwa das Sammeln von Verdienst oder Buße – unternommen wird. Die Bezeichnung, die die Pilgerfahrt im Epos trägt, *Tīrthayātrā* »Reise zu Flußfurten«, rührt daher, daß es insbesondere Örtlichkeiten an Flüssen waren, die von Gläubigen besucht wurden. Doch Itinerare nennen Berge als weiteres Pilgerziel, das auch heute noch von Millionen Hindus besucht wird.

In seiner Weltanschauung oszilliert das Epos zwischen den Polen »Handlung in der Welt« (*pravṛtti*) und »Rückzug aus der Welt« (*nivṛtti*). Die Zeit war vorüber, da die aktive Lebenshaltung, dem Epos als solchem angemessen, unhinterfragte Gültigkeit hatte. Immer wieder, und in jüngeren Partien der Texte zunehmend, wird ihr das entgegengestellt, was dann vor allem unter dem Begriff des Saṃnyāsa, der »Weltentsagung«, firmiert. Der Ausgleich dieser inkompatiblen Lebensweisen scheint eine der großen Herausforderungen der älteren indischen Gesellschaft gewesen zu sein. Am erfolgreichsten leistete ihn zum einen das Konzept der vier Lebensstufen, das Weltentsagung einem fortgeschrittenen Lebensalter zuwies (s. S. 110), zum anderen das des desinteressierten Handelns, prominent von der Bhagavadgītā vertreten (s. S. 20).

Zuletzt sei eine Neuerung erwähnt, deren Tragweite in vorliegender Darstellung des Hinduismus immer wieder erwähnt wurde: Das Spektrum des Verhältnisses von Gott und Mensch wird im Epos um die Liebe Gottes ergänzt, der sich der wirklich Gläubige sicher sein darf und kann.

Das Lebensstadienmodell

Der *Dharma* (s. S. 9–10) stellt den Menschen zeit seines Lebens unter Obligationen. Deren große Vielfalt erklärt sich aus der Tatsache – und trägt dieser zugleich Rechnung –, daß sich das menschliche Leben je nach Lebensumständen und Lebensalter ganz unterschiedlich gestaltet, gestalten muß. Diese natürliche Vielfalt in allseits gültige Präskriptionen umzusetzen, ließen sich – vor allem – die Rechtstexte angelegen sein. Aus der Vielzahl möglicher und akzeptabler Lebensformen gestalteten sie im Laufe der Zeit zunächst ein Lebensformen- und aus diesem dann ein Lebensstadienmodell, das das Dasein eines jeden Menschen verbindlich regelte. Im Mittelpunkt, da altehrwürdiger Brauch und durch alle Zeiten auch Grundlage jeglicher gesellschaftlicher Ordnung, standen dabei Erziehung und Ausbildung der jeweils nachwachsenden Generation. Sie also wurden fest vorgeschrieben. Ihnen folgend wurden sodann verschiedene Lebensformen anberaumt, in denen der Mensch – konkret: der junge Mann – nach eigenem Wunsch sein Dasein verbringen konnte. Entweder konnte er sich auf immer dem Lernen und Wissenserwerb verschreiben oder aber eine Familie gründen oder ein der Askese gewidmetes – und durch sie die Erlösung erwirkendes – Leben führen oder der Welt völlig entsagen, um fernab sein wahres Wesen zu finden. Dieser ersten Systematisierung der möglichen und erlaubten Formen der Lebensgestaltung durch die Dharmasūtras fehlte eine stufenweise Anordnung. Dazu kam es offenbar (und dies durch die jüngeren Rechtstexte, die Dharmaśāstras), als das Institut des Saṃnyāsa angegliedert wurde. Denn diese »vollständige Aufgabe« alles weltlichen Tuns hatte sich als Lebensform alter Menschen – oder vielmehr: als Umgang der Gesellschaft mit ihnen – herausgebildet. Deren Angliederung wandelte das Lebensformen- in ein Lebensstadienmodell um, an dessen Anfang nun die (temporäre) Schülerschaft trat, die das Gegenstück zum Saṃnyāsa bildete. An sie wurde das Stadium des *pater familias* angeschlossen, nun Mittelpunkt des Modells. Als dritte Lebensstufe wurden Lebensformen vorgeschrieben, die bei aller Verschiedenheit ein verbindendes Element hatten – das asketische Leben am Rande der Gesellschaft. Und auf der letzten Stufe sollte der Mensch sein gegenwärtiges Leben ausklingen lassen. Den vielfältigen Möglichkeiten entsprechend, wurden auch hier verschiedene Daseinsweisen subsumiert. Für diese abschließende Gestaltung des Instituts der vier konsekutiv zu durchlaufenden Lebensstufen war für seine brahmanischen Konstrukteure der Veda und das auf ihm fußende Opfer leitendes Prinzip. Dadurch wurden zwei Zäsuren eingezogen, die die erste und die letzte Stufe als Lebenszeiten des Noch-nicht- und des Nicht-mehr-Opferns abtrennten: Der Veda-Schüler opfert noch nicht, da er sich die Berechtigung dazu erst durch sein Studium zu erwerben hat, und der Entsager opfert nicht mehr, da er seine Opferfeuer aufgegeben hat. Dadurch wurde auch die Stufe des Askese treibenden Waldeinsiedlers »vedisiert«: Dieser vedische *vānaprastha* weilt, anders als seine (nichtvedischen) Vorbilder, mit Feuer und Ehefrau im Walde, wo er in eingeschränktem Maße das Leben des Haushälters fortsetzt.

Die Leistung dieses Stufenmodells – und einer der Gründe für seine Konzipierung – bestand darin, den herrschenden asketischen und weltentsagenden Tendenzen ihre Brisanz zu nehmen, da sie Stadien des Lebens zugeordnet werden konnten – und tatsächlich zugeordnet wurden –, in denen die Verpflichtungen gegenüber dem (Fort) bestand der Gesellschaft – in erster Linie das Zeugen und Gebären von Kindern – bereits erfüllt waren. Gleiches gilt für das über Ziele und Werte des Menschen informierende Schema der Lebensziele (*puruṣārtha*), das mit dieser Lehre der Gliederung des menschlichen Lebens mancherorts verwoben wurde. Es umfaßt als Kern eine Dreiergruppe aus Genuß (*kāma*), Besitz (*artha*) und religiöser Pflicht (*dharma*), zu der sich – nachträglich wohl – als viertes Glied Erlösung (*mokṣa*) gesellt. In einer Zuordnung beider Schemata zueinander wurde genannte Dreiergruppe mit dem zweiten Lebensstadium, dem des Familienvaters also, verbunden, während Erlösung Sache insbesondere des vierten war.

Die Brahmā-Religion

Bereits vorangehend (s. S. 105) wurde immer wieder der Schöpfergott Brahmā genannt und gelegentlich auch darauf hingewiesen, daß es eine alte Anschauung gab, der zufolge er der höchste aller Götter war, und daß für die epische Zeit mit einer Brahmā-Religion (samt Kult) gerechnet werden darf, was nicht zuletzt durch den frühen Buddhismus bestätigt wird. Zentrales Moment dieser Religion war Brahmās kosmogonische Funktion: Er schafft zu Beginn aus sich selbst die Urwasser, und in ihnen läßt er sich im Weltei als »goldener Keim« (*Hiraṇyagarbha*) geboren werden; verkörpert als dieser läßt er sodann die Wesen und Welten entstehen. Mit der Identifizierung Brahmās zunächst mit Prajāpati, dem Demiurgen der vedischen Religion, und dann über diesen mit Nārāyaṇa (s. S. 51–52) sollte das Aufgehen dieser Religion in einem der vielen Zuflüsse des nachmaligen Viṣṇuismus seinen Anfang nehmen. Neben anderem erbte der Viṣṇuismus aus dieser Religion einige seiner Avatāra-Mythen (s. S. 106).

Die Indra-Religion

Indra, der Kampf- und Kriegsgott des vedischen Pantheons, behielt auch nach Ende der vedischen Zeit für Teile der Gesellschaft große

Bedeutung. Daß es sich dabei um die Schicht der Krieger, die Kṣatriyas, handelte, zeigen die wenigen, aber aussagekräftigen Texte, die uns die Indra-Religion fassen lassen. Daß sie vor allem für die Genese der Avatāra-Vorstellung des Viṣṇuismus eine tragende Rolle spielte, wurde bereits erwähnt (s. S. 51).

Anders als im Falle der Brahmā-Religion kennen wir auch kultische Details dieser Religion, deren große Bedeutung ebenfalls der Buddhismus zeigt. Typisch für sie scheinen Tieropfer gewesen zu sein. Und immer wieder ist von einem Neujahrsfest die Rede. Erstaunlicherweise scheint sich der in den Texten wiederholt beschriebene Brauch, am Ende des Jahres für einige Tage einen Baum aufzurichten, der mit farbigen Tüchern und Girlanden geschmückt wird und als *Indradhvaja*, »Indra-Banner«, bezeichnet wird, bis in die aktuelle Gegenwart erhalten zu haben.

Der Sonnenkult

Ikonographische Beschreibungen und bildliche Darstellungen des Sonnengottes Sūrya und (vage) textliche Hinweise zur Herkunft des nachvedischen Sonnenkultes weisen allesamt in den Iran, von wo dieser Kult mit den seit dem ersten vor-christlichen Jahrhundert nach Indien einfallenden Stämmen – Śakas, Parther und Kuṣāṇas (s. S. 12–13) – ins Land kam.

Auf Münzen und Inschriften ist er seit dem dritten Jahrhundert n. Chr. und dies besonders für den Nordwesten Indiens bezeugt. Spätestens seit dieser Zeit ist der Saura-Kult, wie er genannt wurde, völlig »hinduisiert«: Sāmba, Kṛṣṇas Sohn (s. S. 56) und auf dessen Fluch von Lepra befallen, habe, um von dieser Krankheit geheilt zu werden, die Verehrung des Sonnengottes Sūrya in Indien eingeführt. Bis weit in die erste Hälfte des zweiten Jahrtausends behielt der Sonnenkult seine Bedeutung. So wurden zu Ehren Sūryas noch im elften Jahrhundert der Sonnentempel von Moḍhera in Gujarat und im 13. Jahrhundert der Tempel von Konarak (Koṇārka) in Orissa erbaut. Und auch wenn dieser Kult danach nicht völlig ausstarb, verlor er doch wesentlich an Gewicht, indem er zunehmend in Viṣṇuismus und Śivaismus aufging.

ZEITTAFEL

Zeitgeschichte

ab 1700	Einwanderung der vedischen Stämme in den Nordwesten Indiens *(s. S. 95)*
ab 1000	Ausbreitung in Richtung Osten, später dann auch in Richtung Zentralindiens
um 500	Aufstieg Magadhas im Osten Indiens
um 450	Urbanisierung des unteren Ganges-Tales
327	Einfall Alexanders des Großen
268–232	König Aśoka, größte Ausdehnung des Maurya-Reiches *(s. S. 12)*
185–73	Śuṅga-Dynastie im Norden Indiens *(s. S. 12)*
2. Jh. v. – 3. Jh. n. Chr.	Einfälle von baktrischen Griechen, Śakas, Parthern und Kuṣāṇas in den Westen Indiens *(s. S. 12)*
1. Jh. v. – 3. Jh. n. Chr.	Śatavāhana-Herrschaft im westlichen Zentralindien *(s. S. 12–13)*
120 n. Chr.	Höhepunkt der Kuṣāṇa-Macht unter Kaniṣka
320 – ca. 500	Großreich der Guptas und Vākāṭakas *(s. S. 12–13)*
500–527	kurzlebiges Hunnen-Reich in Nordindien *(s. S. 13)*
6. Jh.	Aufstieg der Pallavas im Süden Indiens *(s. S. 14)*
606–647	Harṣas Reich in Nordindien *(s. S. 14)*
540–752	Herrschaft der Cālukyas von Bādāmi über Zentralindien (630 Sieg über Harṣa, 642 Niederlage gegen die Pallavas, 752 vernichtend von Rāṣṭrakūṭas besiegt)
712	Erster Einfall arabischer Eroberer in den Sind *(s. S. 13)*
752–973	Herrschaft der Rāṣṭrakūṭas über das westliche Zentralindien
770–1120	Pāla-Dynastie in Bengalen *(s. S. 12–15)*
783–1018	Gurjara-Prātihara-Dynastie im Westen Indiens

Religionsgeschichte

1700–1000	Entstehung des Ṛgveda *(s. S. 95)*
ab 1000	Zusammenstellung des Yajurveda, Herausbildung und Blüte des vedischen Opferwesens im Norden Indiens
ab 600	Älteste Upaniṣads; Asketen-Bewegung im Osten Indiens *(s. S. 97–100)*
5. Jh.v. Chr.	Entstehung von Buddhismus und Jainismus (450–370: vermutliche Lebenszeit Buddhas) *(s. S. 97)*
ab 400	Sanskrit-Epen
ab 300	Ausbreitung des Buddhismus nach Südindien und Sri Lanka
200	(Älteste Teile der) Bhagavadgītā *(s. S. 12)*
ca. 120	Besnagar-Inschrift, Zeugnis der Bhāgavata-Religion *(s. S. 59)*
1. Jh. v. Chr.	Ausbreitung des Buddhismus nach Zentralasien, von wo er im 1. Jh. n. Chr. China erreicht
1. Jh. n. Chr.	Angliederung der Rāma-Verehrung an den Viṣṇuismus *(s. S. 78)*
ab 100	Entstehung der philosophischen Systeme des Hinduismus
ab 200	Abfassung der Purāṇas und Dharmaśāstras
um 400	erste Zeugnisse des Tantrismus *(s. S. 49)*
6. Jh.	Herausbildung des Śāktismus *(s. S. 92)*
7.–9. Jh.	Umgestaltung der Bhakti-Religion durch Āḻvārs und Nāyaṉmārs
ca. 700	Śaṅkara
seit 9. Jh.	Niedergang des Buddhismus in Indien
9. Jh.	Gründung der Pratyabhijñā-Schule *(s. S. 91)*
10. Jh.	Formierung des Śrī-Vaiṣṇava *(s. S. 66–67)*
seit 10. Jh.	Anfänge des Nāth-Yoga *(s. S. 77–78)*
975–1025	Abhinavagupta *(s. S. 91)*
10. Jh.	Entstehung des Bhāgavatapurāṇa *(s. S. 68)*

Ende 9. Jh.	Ende der Pallava-Herrschaft, Aufstieg der Coḷas unter Āditya I. (871–907), 1279 Ende der Coḷa-Herrschaft
1000–1027	Einfälle Mahmud von Ghaznis nach Nordindien, Zerstörung Mathurās *(s. S. 13–15)*
1192–1202	Eroberung Nordindiens durch Mohammed von Ghur *(s. S. 15)*
1206	Gründung des Delhi-Sultanat durch Aibak, ab 1334 Zerfall und Entstehung unabhängiger Sultanate, 1526 endgültiges Ende des Delhi-Sultanats *(s. S. 15–17)*
1336–1565	Reich von Vijayanagara *(s. S. 16)*
1498	Vasco da Gama erreicht Indien
1526	Gründung des Mogul-Reiches, 1618–1707 Aurangzeb, 1739 Ende der Vormacht der Moguln (formales Ende 1857 nach Absetzung des letzten Herrschers durch die Briten) *(s. S. 16)*
1600	Gründung der East India Company
Mitte 17. Jh.	Aufstieg der Marathen unter Shivaji (1630–1680) zur wichtigsten Macht Zentralindiens *(s. S. 16)*
1761	Niederlage der Marathen in der Schlacht von Panipat *(s. S. 16)*
seit 1763	Aufstieg der Briten zur führenden Macht auf dem Subkontinent *(s. S. 16)*
1858	Indien Teil des British Empire
Ende 19. Jh.	Beginn des indischen Unabhängigkeitskampfes
1947	Unabhängigkeit der Kolonie British India *(s. S. 16)*

11. Jh.	Rāmānuja *(s. S. 66–67)*
1185	Jayadevas Gītagovinda *(s. S. 73–74)*
12. Jh.	Gründung der Vīraśaiva-Sekte durch Basava und der Mahānubhāva-Sekte durch Cakradhara *(s. S. 85–86, 70)*
12.–13. Jh.	Blüte des Śaiva Siddhānta *(s. S. 87–88)*
13. Jh.	Umbildung von Teilen der Bhakti- in die Sant-Bewegung *(s. S. 74–75)*
Mitte 13. Jh.	Madhva *(s. S. 68–69)*
Ende 13. Jh.	Nimbārka, Jñāndev *(s. S. 71, 69)*
14. Jh.	Spaltung des Śrī-Vaiṣṇava *(s. S. 67)*
1398–1448	Kabīr *(s. S. 76)*
15.–17. Jh.	Blütezeit der Rāma-Bhakti *(s. S. 78–80)*
1469–1539	Gurū Nānak *(s. S. 76)*
1479–1531	Vallabhācārya *(s. S. 72–73)*
1486–1533	Caitanya *(s. S. 73–74)*
1. Hälfte 16. Jh.	Mīrā Bāī, Sūrdās *(s. S. 76, 73)*
1554–1604	Dādū *(s. S. 77)*
1556–1605	Kaiser Akbars liberale Religionspolitik *(s. S. 16)*
1604	Kompilation des Ādi Granth *(s. S. 76)*
1532–1623	Tulsīdās *(s. S. 80)*
1608–1649	Tukārām *(s. S. 70)*
17. Jh.	Militarisierung der Sikhs und anderer religiöser Gemeinschaften *(s. S. 77)*
1772–1833	Rām Mohan Roy, Gründer des Brāhmo Samāj
1824–1883	Dayānand Sarasvati, Gründer des Ārya Samāj
ab 1800	Entstehung diverser Reformbewegungen (Neo-Hinduismus)
1829	Verbot der Witwenverbrennungen *(s. S. 43–44)*
1861	Gründung des Radhasoami Satsang
1836–1886	Ramakrishna
1862–1902	Vivekananda
1869–1948	Gandhi

GLOSSAR

Keine Berücksichtigung in folgendem Glossar finden die Namen der verschiedenen Gruppierungen der einzelnen hinduistischen Religionen, da diese über das Inhaltsverzeichnis leicht aufzufinden sind. Pfeile (▸) verweisen auf andere Einträge dieses Glossars.

Ācāra – Inventar von Regeln und Vorschriften richtigen (d.h. ▸ Dharma-gemäßen) Verhaltens und Handelns. *s. S. 10*

Ādivāsin – Die »Ureinwohner« des indischen Subkontinents.

Ahiṃsā – Gebot der Nicht-Verletzung lebender Wesen. *s. S. 98*

Āśrama – In seiner »klassischen« Ausgestaltung ein Modell von vier aufeinanderfolgenden Lebensstadien, die der Mensch – *idealiter* – konsekutiv zu durchlaufen hat. *s. S. 109–111*

Ātman – Das »Selbst«, die Seele eines Wesens, die die Kette der Wiedergeburten durchlaufend gedacht ist und die zumeist als identisch mit der Weltseele, dem ▸ Brahman gilt. *s. S. 19*

Avatāra – »Herabstieg«, Name für die teils tier-, teils menschengestaltigen Inkarnationen (in aller Regel) Viṣṇus, die dieser aus seiner transzendenten Form entstehen läßt, um einen die Ordnung der Welt bedrohenden Dämon zu töten. Die wichtigsten Avatāras Viṣṇus sind Kṛṣṇa und Rāma. *s. S. 53–55*

Bhakti – »Teilhabe«, zunächst eine Art Loyalitätsverhältnis von Gott und Gläubigem, später ein regelrechtes Liebesverhältnis von Gott und Mensch. Bezeichnung devotionalistischer Formen hinduitischer Religionen.

Brahmā – Der Schöpfergott des hinduistischen Pantheons, der im Mittelpunkt einer Religion steht, die in ihm den höchsten aller Götter sieht. *s. S. 111*

Brahman – Weltseele, oftmals materieller und geistiger Urgrund der Welt; zumeist wird der ▸ Ātman als identisch mit ihr betrachtet.

Brahmane – Mitglied des ersten Standes (▸ Varṇa) der indischen Gesellschaft.

Dalit – Die einst von Gandhi *Harijan* »Kinder Haris (= Gottes)« genannten »Zerbrochenen«, die nicht zum System der ▸ Varṇas zählenden Angehörigen der *scheduled castes*, im Westen zumeist als Unberührbare oder *outcastes* bezeichnet. *s. S. 40*

Darśan – Das heilwirkende »Schauen« der Gottheit, zumeist in Gestalt ihres Kultbildes, das visuellen Kontakt mit ihr herstellt.

Devadāsī – »Dienerin Gottes«, auch Nitya-Sumaṅgalī »stets glücksverheißend«, genannte Frauen, deren Leben von ihren Eltern ganz Gott geweiht wurde, die sie folglich mit ihm verheirateten; eine seit 1947 verbotene Praxis. *s. S. 33–34*

Dharma – Die Weltordnung sowohl in ihrem objektiv regulierenden als auch in ihrem subjektiv bindenden Aspekt, die Normen, die diese dem Menschen vorgibt, sodann auch die Beachtung dieser Normen im praktischen Lebensvollzug seitens des Individuums und der Gemeinschaft sowie das Ergebnis normkonformen Handelns. *s. S. 9–10*

Durgā – ▸ Gottesgestalten

Gaṇeśa – ▸ Gottesgestalten

Garuḍa – ▸ Gottesgestalten

Gottesgestalten – Die hinduistischen Religionen besitzen ihr je eigenes Pantheon, das sich indes mit dem der jeweils anderen Religionen zu großen Teilen überlappt. Im Zentrum des viṣṇuitischen Pantheons stehen Viṣṇu und seine Gemahlin Śrī-Lakṣmī (die Göttin des Glücks und des Reichtums), Garuḍa, Viṣṇus Reittier, und die verschiedenen Avatāras Viṣṇus, während den Mittelpunkt des śivaitischen Pantheons Śiva (in seinen vielen Gestalten) und seine Gattin – Kālī, Durgā oder auch Parvatī –, Gaṇeśa und Skanda-Kārttikeya (im Süden Indiens Murukan genannt), seine und Parvatīs Söhne, bilden.

Guru – »Lehrer«, der in manchen Traditionen durch die Gegenwart der jeweiligen Hauptgottheit (außer in seinem Fleisch) als Gott betrachtet und geehrt wird.

Hanumān – Affengott, der Rāma in seinem Kampf gegen den Dämon Rāvaṇa, der Rāmas Gattin Sītā entführt hatte, zur Seite steht.

Haṭhayoga – Spezifische Art des ▸ Yoga, die besonderen Wert auf Stellungen und Haltungen des Körpers und auf Atemübungen legt.

Indra – Der Kampf- und Kriegsgott der alten vedischen Religion, der zwar in nachvedischer Zeit sehr an Bedeutung verlor, abgelöst von Viṣṇu und Śiva, doch noch im Epos im Mittelpunkt einer Religion stand, die in ihm den höchsten Gott sah. *s. S. 111–112*

Jagannātha – Name der Hauptgottheit der Tempelstadt Puri, die als Manifestation Kṛṣṇaṣ gilt. *s. S. 33*

Kālī – ▸ Gottesgestalten

Karma(n) – Die Summe aller guten und schlechten Taten eines Wesens und die Auswirkungen, die diese auf das aktuelle und zukünftige Leben – in seiner Gestalt und seinen Umständen – dieses Wesens haben. *s. S. 103–104*

Kaste – Ein auf gemeinsamen Verwandtschafts- und Heiratsbeziehungen beruhender sozialer Verband, dem der Mensch auf Grund seiner Geburt zugehört und dessen Angehörige (im Prinzip wenigstens) denselben Beruf ausüben. *s. S. 38–40*

Kṛṣṇa – Zu unterscheiden sind zwei entwicklungsgeschichtlich verschiedene Götter dieses Namens, zum einen Kṛṣṇa Vāṣudeva, ein Heros aus dem Stamm der ▸ Vṛṣṇis, und Kṛṣṇa Gopāla, der Hirtenknabe. Beide zusammen gelten als der *eine* Kṛṣṇa-Avatāra Viṣṇus.

Kṣatriya – Mitglied des zweiten Standes (▸ Varṇa) der indischen Gesellschaft.

Kumbh Melā – eines der bedeutendsten Feste Indiens, das alternierend alle drei Jahre in Allahabad, Hardwar, Ujjain und Nasik gefeiert wird. *s. S. 31–33*

Lakṣmī – ▸ Gottesgestalten

Liṅga – Emblem Śivas in Gestalt eines Phallus. *s. S. 27*

Mahābhārata – Das eine der beiden (▸ Rāmāyaṇa) Sanskrit-Epen, das vom Kampfe zweier verfeindeter Linien einer Familie erzählt. Teil dieses Epos ist die Bhagavadgītā, die Belehrung eines der kämpfenden Helden durch Kṛṣṇa. *s. S. 12*

Maṇḍala – U.a. in ▸ Ritualen und Meditationen zur Verwendung kommende komplexe geometrische Schemata, die meist kreisförmig sind oder doch kreisförmige Figuren enthalten und in deren Zentrum sich oft die Darstellung einer Gottheit oder eines Symbols für diese befindet. *s. S. 49*

Mantra – »Heilige« Silben oder Formeln, die in Meditationen und ganz verschiedenen kultischen Handlungen verwendet werden und zumeist eine verschlüsselte Bedeutung haben. In Initiationen werden ganz bedeutungsträchtige Mantras vom ▸ Guru an den Adepten weitergegeben.

Mudrā – Bestimmte Haltungen der Hände und Finger (im Ritual, im Tanz und in bildlichen Darstellungen), die non-verbal verschiedene Botschaften übermitteln.

Nārāyaṇa – Ein bereits in vedischen Texten genannter Gott, der das Opfer verkörpert und aus dem, da er geopfert ist, die Welt entsteht. Später geht er und mit ihm etliche seiner Wesenszüge in Viṣṇu auf. *s. S. 52–53*

Parvatī – ▸ Gottesgestalten

Prādurbhāva – Die »Erscheinungen« des Gottes ▸ Nārāyaṇa, die später zum Teil auf Viṣṇu übertragen wurden und in den ▸ Avatāras aufgingen. *s. S. 53*

Prajāpati – Der Schöpfergott der vedischen Religion, der später zum Großteil mit Brahmā verschmolz, der wiederum eine ganz ähnliche Funktion zu erfüllen hatte. *s. S. 51–52*

Prasāda – Einer Gottheit vom Gläubigen geopferte Nahrung, die dieser als »Gnade« zurückerhält und deren Verzehr als besonders »heilig« gilt. *s. S. 25*

Pūjā – Die aus einer Reihe von Riten bestehende »Verehrung« (zumeist strikt vegetabiler Art) einer Gottheit. *s. S. 24*

Pūjāri – (Tempel)Priester. *s. S. 28*

Purāṇa – Die »alten« Erzählungen, die – neben vielem anderem – in Texten dieses Namens gesammelt sind und die Mythologien der hinduistischen Religionen tradieren.

Puruṣārtha – Die in Dharma, Artha, Kāma und Mokṣa bestehenden »Ziele des Menschen [im Verlaufe seines Lebens]«, d. h. die Erfüllung religiöser Pflichten (*dharma*), der Erwerb von Reichtum und anderen Dingen (*artha*), die Befriedung von Begierden (*kāma*) und das Herbeiführen der Befreiung aus dem ▸ Saṃsāra. *s. S. 111*

Rāma – ▸ Avatāra

Rāmāyaṇa – Das andere (▸ Mahābhārata) der beiden Sanskrit-Epen, das vom Leben Rāmas erzählt (▸ Hanumān).

Śakti – Die weiblich gedachte und daher als Göttin personifizierte »Kraft« hinter und in den Dingen.

Śālagrāma – Emblem Viṣṇus in Gestalt eines Ammonits. *s. S. 27*

Sāṃkhya – Philosophisches System, das die Existenz zweier nicht weiter reduzierbarer Prinzipien postuliert, aus denen die Welt besteht; einerseits die eine Urmaterie, andererseits die Vielzahl von Einzelseelen. *s. S. 18–19*

Saṃnyāsin – Jemand, der rituell der Welt entsagt hat und dieser dadurch »entstorben« ist. *s. S. 109–110*

Saṃpradāya – Die vier großen Traditionen des Viṣṇuismus. *s. S. 68–74*

Saṃsāra – Die Kette der Wiedergeburten, in die die Wesen solange eingebunden sind, als sie sich nicht aus ihr befreien (*s. S. 100–103*). Dies leisten die Heilswege der hinduistischen Religionen.

Sanskrit – Die Hochsprache des alten Indien, in der anfänglich alle Texte der hinduistischen Religionen verfaßt waren.

Satī – Die (sog.) Witwenverbrennung – also das Mitverbranntwerden der Witwe mit ihrem verstorbenen Ehemann –, die sich aus dem Institut der Totenfolge entwickelt hat. *s. S. 43–44*

Śiva – ▸ Gottesgestalten

Smārta – Eine Tradition, die auf den Vorgaben der ▸ Smṛti, in aller Regel der Rechtstexte, fußt und diese umsetzt.

Smṛti – »Heilige Überlieferung« – die bestimmten (zumeist mythischen) Verfassern zugeschriebenen Texte, die in Autorität und Verbindlichkeit denen der ▸ Śruti – zumindest theoretisch – nachgeordnet sind (*s. S. 10*). Da nirgends, zumal erschöpfend, festgehalten ist, welche Texte im Einzelnen zu dieser ›Überlieferung‹ zählen, wurde dies für ganz unterschiedliche Texte und Textgattungen geltend gemacht. In aller Regel aber zählen die Dharmasūtras und Dharmasmṛtis (*s. S. 38*) und auch das ▸ Mahābhārata dazu.

Śrāddha – Die verschiedenen Ahnenrituale der hinduistischen Religionen.

Śrī – ▸ Gottesgestalten

Śruti – »Heilige Offenbarung«, die Texte des ▸ Veda. *s. S. 10*

Śūdra – Mitglied des vierten Standes (▸ Varṇa) der indischen Gesellschaft.

Śvetāśvatara-Upaniṣad – ▸ Upaniṣad

Tantra – Die Tantras nehmen für sich in Anspruch, von Gott (Viṣṇu, Śiva, Göttin) offenbarte Texte zu sein, die sich dadurch von den beiden Überlieferungszweigen der ▸ Śruti und der ▸ Smṛti absetzen und die diesen in ihren Lehren überlegen sind. Als ›Gottes Wort‹ vermeiden sie alle Hinweise auf Ort und Zeit ihrer Entstehung und sind deshalb sehr schwer zu datieren.

Tantrismus – Sammelbegriff für quer durch die hinduistischen Religionen laufende Traditionen, die auf den Lehren der ▸ Tantras fußen und sich als Gegenentwurf zur vedischen Religion verstehen; dieser hinsichtlich der Ziele, die erreicht werden können, deutlich überlegen.

Tīrtha – »Furt«, heiliger Ort, Ziel von Pilgerreisen.

Tripuṇḍra – Das aus drei horizontalen Linien bestehende Stirnzeichen der Śivaiten. *s. S. 80*

Upaniṣad – Zum ▸ Veda gehörende Texte, die vor allem die Zurückführung all der die Welt bildenden Entitäten auf *ein* Prinzip, in letzter Instanz auf das ▸ Brahman, leisteten und sich dabei von dem durch den Veda vorgegebenen Rahmen des Rituals weitgehend lösten. Einzelne dieser in den verschiedenen vedischen Schulen entstandenen Texte, die den eigentlichen Beginn der Philosophie in Indien markierten, sind teils oder zur Gänze theistisch gehalten, so etwa die Śvetāśvatara-Upaniṣad. *s. S. 80*

Ūrdhvapuṇḍra – Das aus drei vertikalen Linien bestehende Stirnzeichen der Viṣṇuiten. *s. S. 59*

Vāhana – Die Reittiere der Götter und Göttinnen des hinduistischen Pantheons, so etwa Viṣṇus Vogel Garuḍa, Śivas Stier Nandin, Gaṇeśas Ratte oder Durgās Löwe. *s. S. 105*

Vaiśya – Mitglied des dritten Standes (▸ Varṇa) der indischen Gesellschaft.

Varṇa – Die vier Schichten oder Stände der indischen Gesellschaft (▸ Brahmane, Kṣatriya, Vaiśya und Śūdra). Fiktive Einteilung, der es weithin an Realität mangelt, die aber eine bedeutende Rolle als ›Bezugsebene‹ gespielt hat und spielt. *s. S. 38*

Veda – Die vier Sammlungen von Texten und Melodien, die im Ritual der nach Indien eingewanderten vedischen Stämme Verwendung fanden (Ṛg-, Yajur- und Sāmaveda, später dann auch der Atharvaveda), sowie die innerhalb bestimmter (zumeist regionaler) Schulen entstandenen Texte, die sich jeweils an einen dieser vier Veden anschließen.

Vedānta – Philosophisches System, das in seiner bekanntesten Ausprägung einen strikten Monismus lehrt, also die Existenz nur eines einzigen Prinzips postuliert, das geistiger und materieller Urgrund allen Seins ist. *s. S. 19*

Viṣṇu – ▸ Gottesgestalten *s. S. 50ff.*

Viṭṭhala / Viṭhobā – Der mit Viṣṇu identifizierte Hauptgott der Pilgerstadt Paṇḍharpūr. *s. S. 69*

Vrata – Observanz, die der Gläubige auf Grund eines »Gelübdes« auf sich nimmt und die oftmals aus Fasten und Tempelbesuch besteht. *s. S. 34*

Vṛṣṇi – Der Stamm, in dem der Sage nach Kṛṣṇa und sein Bruder Baladeva geboren wurden. Die Verehrung dieser Heroen war Zentrum der alten Bhāgavata-Religion. *s. S. 59*

Yuga – Weltzeitalter von unvorstellbaren Ausmaßen, die, vier an der Zahl (Kṛta-, Tretā-, Dvāpara- und Kaliyuga), aufeinanderfolgen und zyklisch wiederkehren.

Yoga – »Geistige Konzentration«, meditative Übungen der Versenkung, die die Einsicht in die ewig unberührte Natur der Seele herbeiführen sollen. Philosophische Grundlage dieser als eines der klassischen philosophischen Systeme des Hinduismus geltenden Disziplin ist (nachmalig) das ▸ Sāmkhya.

Literaturhinweise

ZEITGESCHICHTE

Kulke, Hermann / Rothermund, Dietmar. Geschichte Indiens. Von der Induskultur bis heute. München 2006.

Rothermund, Dietmar. Geschichte Indiens. Vom Mittelalter bis zur Gegenwart. München 2002.

Stein, Burton. A History of India. Oxford 1998.

LANDESKUNDE

Stang, Friedrich. Indien. Geographie, Geschichte, Wirtschaft, Politik. Darmstadt 2002.

WÖRTERBÜCHER ZUM HINDUISMUS

Dallapiccola, Anna L. Dictionary of Hindu Lore and Legend. London 2002.

Lochtefeld, James G. The Illustrated Encyclopedia of Hinduism. Vol. 1 and 2. New York 2002.

Werner, Karel. A popular dictionary of Hinduism. Richmond 1994.

ÜBERBLICKSDARSTELLUNGEN

Burger, Maya. Hinduismus. In: Antes, Peter (Hg.). Die Religionen der Gegenwart. Geschichte und Glauben. München 1996, S. 111–135.

Narayanan, Vasudha. The Hindu Tradition. In: Oxtoby, Willard G. (Ed.). World Religions – The Eastern Traditions. Oxford ²2002, S. 12–125.

MONOGRAPHISCHE GESAMTDARSTELLUNGEN

Babb, Lawrence A. The Divine Hierarchy. Popular Hinduism in Central India. New York – London 1975.

Brockington, John L. The Sacred Thread. Hinduism in its Continuity and Diversity. Edinburgh ²1996.

Clothey, Fred. W. Religion in India. A historical introduction. London – New York 2006.

Flood, Gavin. An Introduction to Hinduism. Cambridge 1996.

Fuller, Chris J. The Camphor Flame. Popular Hinduism and Society in India. Princeton 2004.

Gonda, Jan. Die Religionen Indiens. II. Der jüngere Hinduismus. Stuttgart ²1978 (Die Religionen der Menschheit 12).

Michaels, Axel. Der Hinduismus. München 1998.

Rodrigues, Hillary. Introducing Hinduism. New York – London 2006.

Schreiner, Peter. Im Mondschein öffnet sich der Lotus. Der Hinduismus. Düsseldorf 1996.

von Stietencron, Heinrich. Der Hinduismus. München 2001

KUNST DES HINDUISMUS

Huntington, Susan L. The Art of Ancient India. New York – Tokyo 1985.

Abbildungsnachweis: Karten: Peter Palm, Berlin; Photos: Marcus Fornell (Umschlag, S. 5 und S. 43) und Thomas Oberlies (S. 37)

Dank: Es ist mir eine angenehme Pflicht, auch an dieser Stelle meinen Kolleginnen und Kollegen Jackie Assayag, R. Blake Michael, Dan A. Chekki, Catharine Clémentin-Ojha, Ute Hüsken, Roque Mesquita, Heidi R. M. Pauwels, Marion Rastelli, Alexis Sanderson und Eva Wilden für ihre zahlreichen Hinweise und uneigennützige Hilfe zu danken. Ganz besonders stehe ich diesbezüglich in der Schuld von Alexis Sanderson, der mir etliche seiner Arbeiten noch vor ihrer Veröffentlichung zugänglich machte. Die schönen Photos, die das Buch zieren, stammen von Marcus Fornell, dem dafür herzlich gedankt sei.

Bhakti-Heilige

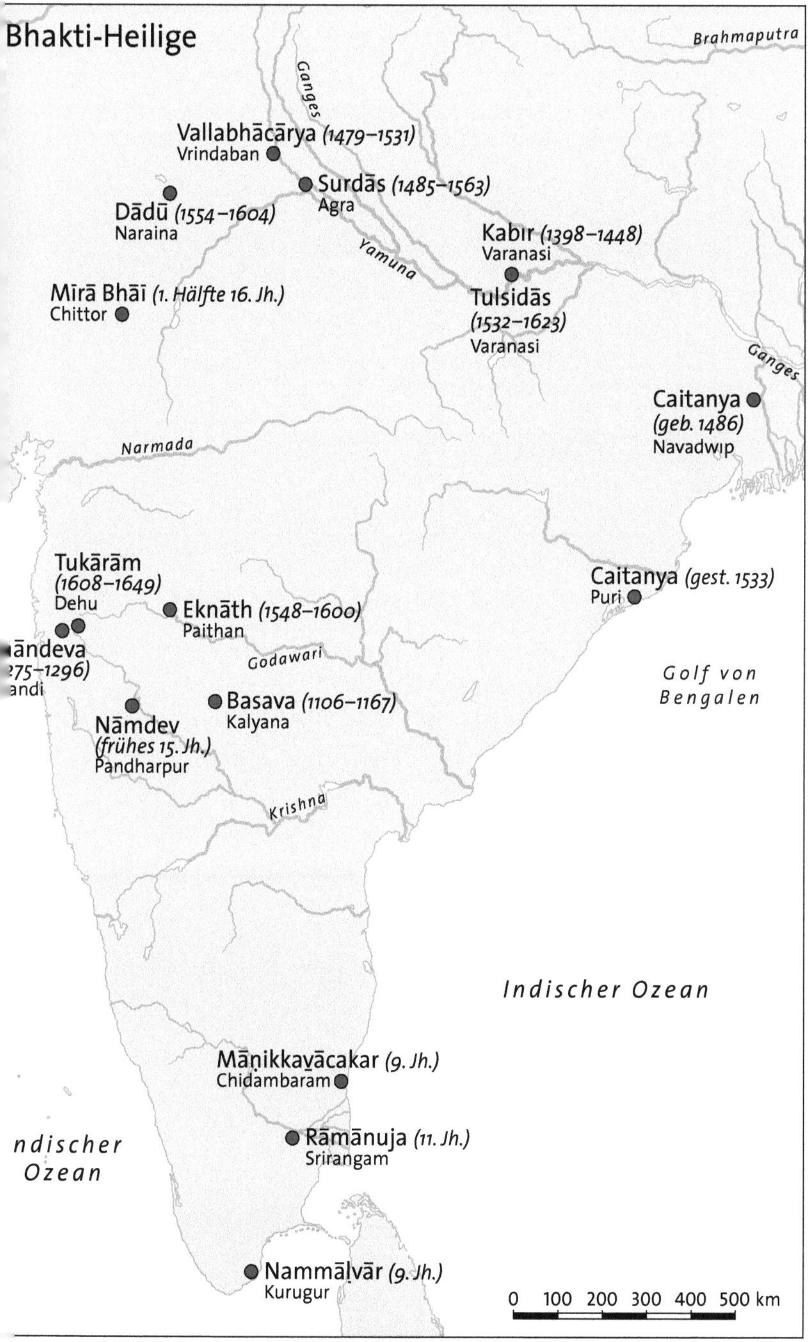

Thomas Oberlies ist Professor für Indologie und Tibetologie an der Universität Göttingen sowie ordentliches Mitglied der Akademie der Wissenschaften zu Göttingen.

Die Seitenangaben in der Marginalspalte, zusammen mit Hervorhebungen im Text, verweisen auf einen entsprechenden Abschnitt im Buch.

Kontaktadresse nach EU-Produktsicherheitsverordnung:
produktsicherheit@fischerverlage.de

2. Auflage

Hedderichstr. 114, 60596 Frankfurt am Main

Printed in Germany
ISBN 978-3-596-19262-5

Unsere Adresse im Internet: www.fischerverlage.de